イラストで覚える TOEIC® L&R TEST 英単語1000

鶴岡公幸　Matthew Wilson　佐藤千春

Jリサーチ出版

はじめに

日本でTOEICがはじめて実施された1979年12月から既に40年以上が経過しました。今では英語能力の測定基準としてすっかり定着しています。しかし日本で普通に生活をしている限り、英語を使う機会は意外なほど少なく、一般の社会人や学生にとってTOEICは易しいテストではありません。はじめて受験した人は、その問題数の多さに圧倒され、なかなか最後まで読みきれないでしょう。そしてその主な原因の1つがTOEICに出題される単語、熟語などの語彙力が不足していることにあります。本書はそうした人々を対象に作成されました。

本書の構成

構成は以下の3章で構成されています。

第1章:TOEICによく出題される場面別頻出単語
第2章:どのような場面でも出てくる品詞別重要単語
第3章:さらにスコアアップを目指すちょい難単語

従ってTOEIC500点未満の方はまずは第1章、第2章を集中して学習してください。そして500点以上がとれるようになったら、第3章にもチャレンジしましょう。

本書の特徴

本書は、従来のTOEIC単語集とは異なる3つの特徴があります。

特徴その①:場面別編集&イラスト入り

従来のTOEIC単語集は、パート別に編成されている例がほとんどですが、本書はどのような場面で使われるかをイメージしやすいように場面別編集を取り入れ、さらに楽しく学習できるようイラストを加えました。場面を視覚化することで状況がイメージしやすく、記憶に残るようになります。

特徴その②：中学校で習う英語は削除

従来のTOEIC単語集は、中学校で習う初歩的な単語（例：actually, accept）や既に日本語でも日常的に使われているカタカナ語（例：report, interview）も含まれており、ページ数が無駄に増えています。これを避けるために元中学校英語教員でTOEICにも詳しい佐藤千春先生に編集スタッフに加わって頂きました。そして中学英語テキスト6冊（Crown、New Horizon、Columbus、Sunshine、One World、Total）を調べ5冊以上で掲載されていて誰もが中学生のときに習った初歩的な英単語は削除しました。ただし、中学校で習う単語でもcarry（「運搬する」のみならず「取り扱う」）やempty（形容詞「空いている」のみならず動詞「中身を空にする」）などTOEICで頻出する別の意味については漏らさず収録しています。

特徴その③：知らないと失点につながる重要単語を悪魔マークで表示

一方、TOEICの設問で意味を問われやすく、知らないと失点につながるヤバイ単語（例：decade, complimentary）は注意喚起するために悪魔マークで表示しました。

そして、TOEIC学習者にとって本当に必要な単語にのみ集中して学習できるよう1000語を選定しました。この1000語さえマスターしていれば、600点以上の取得は十分可能です。例文はTOEICで出題されるビジネスシーンを意識しつつも、音読しやすいよう簡潔な文章になっていますのでリスニング対策としても有効です。音声をくり返し聞き、単語の発音、アクセントにも慣れてください。
本書が多くの学習者にとって、最良のTOEIC対策単語集として役に立つことを願っています。

著者　鶴岡　公幸

Contents　もくじ

どのような場面でも出てくる

第2章
品詞別重要単語

さらにスコアアップを目指す

第3章
ちょい難単語

本書を使った効果的な学習法

TOEIC のテストに少しでも慣れてくると、リーディングはもちろん、リスニングであっても単語の一部だけ聞き取れるだけでも解答できる問題が多数あることに気がつきます。逆に語彙力がないと TOEIC はかなりしんどいテストとなります。では本書を使った効果的な学習法についてエッセンスを述べていきます。

When (いつやる)

TOEICの学習は、国語、算数、理科、社会というより音楽、体育に近く勉強科目というよりもトレーニング科目の側面があります。従って平日の忙しい中でも、10分でも15分でも時間をとり、単語集に触れる、そしてその音声を聞くことを生活の一部としてください。週末や休日で半日以上時間がとれる場合は、TOEIC公式問題集などに収録されている問題集を制限時間内にやる練習をしましょう。ではこの単語集をいつやるかというと、ズバリ、日常生活の中のスキマ時間です。通勤・通学の途中、待ち合わせの合間、食事の前後など、普段ならスマホいじりやゲームのために使っている時間の一部をボキャビルに割り当てましょう。

Where (どこでやる)

通勤・通学の電車・バスの中、トイレ、お風呂、学食、レストラン、カフェ、居間、ベッドの上などスキマ時間を過ごしている場所ならどこでも取り出せるよう常に携帯してください。

Who (誰がやる)

単語の学習は通常は1人でやるものですが、友人、知人、家族でも学習仲間がいれば、単語を出し合うなど、ゲーム感覚も取り入れながら楽しんで学習するのも良いでしょう。

How（どうやる）

まずは左側の英語だけを見て、日本語の意味がわかるか確認し、知らない単語は例文を見て、どのような文脈（context）で使われるかを理解しながら覚えてください。意味を確認したあとは、音声を聞き単語の発音に注意しながら、例文を音読しましょう。覚えたはずの英語は、次に英語部分を隠して日本語だけを見て英語が口から出てくるかやってみましょう。そして最後にスペルを含めて覚えているかどうか、できれば紙に書いてみてください。またチェックポイントも必ず見るよう心がけてください。なぜならパート5に出題される問題の約4割、パート6の1パッセージ4問のうち1問は語形・文法問題であり、派生語が選択肢に並べられているからです（例：diversity, diverse, diversely, diversify、意味はP.94参照）。またパート7の設問は本文の該当箇所のbest paraphraseを選択させる問題が多いので、同意語（例：contact = get in touch with, P.16参照）の知識が問われます。不思議なもので、一度覚えるとすぐに頭に入る単語と、何度覚えたつもりでも忘れてしまう単語があります。覚えづらい単語は、ラインマーカーやシールを貼るなど自分なりの工夫をしてください。TOEICは所詮テスト対策ですから、試験に出題される単語を真っ先に覚えることが高得点のための近道です。高校受験、大学受験の頃のことを思い出し、受験生であることを自覚した上で短期集中的に学習してください。

直前対策（前日または当日）として

直前対策としては、悪魔マーク（本文の悪魔マークを見てください）で示された最重要単語（限定100語）を確認し、知らない単語は頭の中に叩き込んでください。そのうちのいくつかは、必ず本番の試験、しかも設問として出題されるはずです。

本書の使いかた

意味／ワンポイント解説

見出し語の意味は、TOEICでよく使われるものを中心に紹介しています。単語の用法、コロケーション、連語、類語、注意点などを紹介します。

[略語一覧] 動 **動詞** 名 **名詞** 形 **形容詞** 副 **副詞** 接 **接続詞** 前 **前置詞** 熟 **熟語** 類 **類語** 関 **関連語** 連 **連語** 略 **略語** = **同意語** ↔ **反意語** 😇 **ワンポイント解説**

スケジュール

DAY1～20を表示します。「20日間完成」はスピードマスターのスケジュールです。あくまで目安ですので、時間がある方はゆっくり、それぞれのペースで進めてください。

見出し語／発音記号

悪魔マークの単語は、絶対に覚えておきたい最頻出単語です。悪魔に遭遇したら、特に気をつけて覚えるようにしましょう。

チェック欄

その単語を知っているかどうか、覚えたかどうかをチェックするのに利用してください。

- 付属のしおりは、単語や意味を隠すことができるので、覚えたかどうかの確認に便利です。ぜひ有効活用してください。

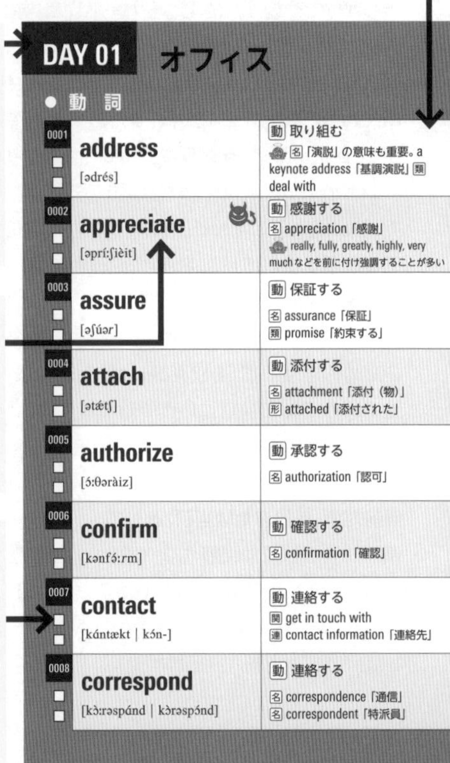

DAY 01 オフィス

● 動詞

0001 □□	**address** [ədrés]	動 取り組む 😇 名「演説」の意味も重要。a keynote address「基調演説」類 deal with
0002 □□	**appreciate** 😈 [əprí:ʃièit]	動 感謝する 名 appreciation「感謝」 😇 really, fully, greatly, highly, very much などを前に付け強調することが多い
0003 □□	**assure** [əʃúər]	動 保証する 名 assurance「保証」 類 promise「約束する」
0004 □□	**attach** [ətǽtʃ]	動 添付する 名 attachment「添付（物）」 形 attached「添付された」
0005 □□	**authorize** [ɔ́:θəràiz]	動 承認する 名 authorization「認可」
0006 □□	**confirm** [kənfɔ́:rm]	動 確認する 名 confirmation「確認」
0007 □□	**contact** [kántækt | kɔ́n-]	動 連絡する 関 get in touch with 連 contact information「連絡先」
0008 □□	**correspond** [kɔ̀:rəspánd | kɔ̀rəspɔ́nd]	動 連絡する 名 correspondence「通信」 名 correspondent「特派員」

016

この本は見開き2ページで8語ずつ覚えられるようになっています。
収録総数は1000語です。

センテンスで覚えよう
TOEICスタイルの短い例文です。単語の用法を確認しながら、読んだり、聞いたり、音読したりしてみましょう。

You are here!
学習者が1000語マスターという道のりのどこにいるかを示します。

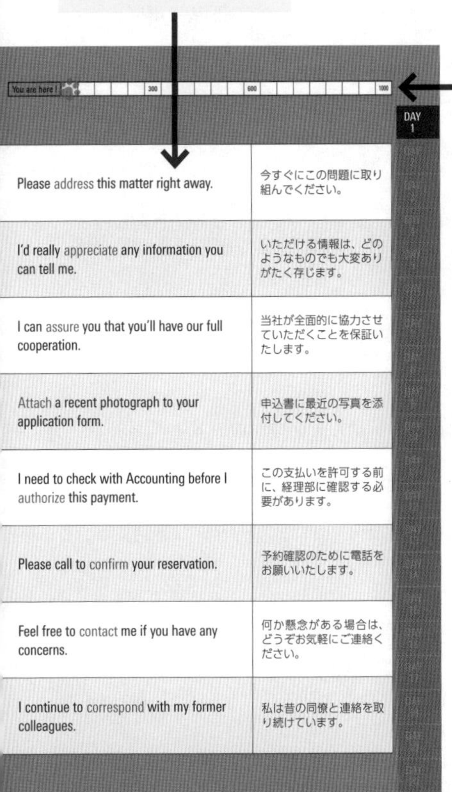

You are here!
300
600
1000
DAY 1
Please address this matter right away.
今すぐにこの問題に取り組んでください。
I'd really appreciate any information you can tell me.
いただける情報は、どのようなものでも大変ありがたく存じます。
I can assure you that you'll have our full cooperation.
当社が全面的に協力させていただくことを保証いたします。
Attach a recent photograph to your application form.
申込書に最近の写真を添付してください。
I need to check with Accounting before I authorize this payment.
この支払いを許可する前に、経理部に確認する必要があります。
Please call to confirm your reservation.
予約確認のために電話をお願いいたします。
Feel free to contact me if you have any concerns.
何か懸念がある場合は、どうぞお気軽にご連絡ください。
I continue to correspond with my former colleagues.
私は昔の同僚と連絡を取り続けています。
017

音声ダウンロードのしかた

STEP1 音声ダウンロード用サイトにアクセス！

※https://audiobook.jp/exchange/jresearchを入力するか、右のQRコードを読み取ってサイトにアクセスしてください。

STEP2 表示されたページから、audiobook.jp への会員登録ページへ！

※音声のダウンロードには、オーディオブック配信サービスaudiobook.jpへの会員登録（無料）が必要です。すでに、audiobook.jpの会員の方はSTEP3へお進みください。

STEP3 登録後、再度 STEP1 のページにアクセスし、シリアルコードの入力欄に「**24789**」を入力後、「送信」をクリック！

※作品がライブラリに追加されたと案内が出ます。

STEP4 必要な音声ファイルをダウンロード！

※スマートフォンの場合は、アプリ「audiobook.jp」の案内が出ますので、アプリからご利用ください。

※PCの場合は、「ライブラリ」から音声ファイルをダウンロードしてご利用ください。

〈ご注意！〉

- PCからでも、iPhoneやAndroidのスマートフォンやタブレットからでも音声を再生いただけます。
- 音声は何度でもダウンロード・再生いただくことができます。
- ダウンロード・アプリについてのお問い合わせ先：info@febe.jp（受付時間：平日10〜20時）

第1章

TOEICに
よく出題される

場面別頻出単語

音声トラック 1 ～ 68

DAY 01 オフィス

confusing
（混乱している）
correspond
（連絡をする）
confirm
（確認する）
attach
（添付する）
forward
（転送する）
negotiation
（交渉）

extension
（内線電話）
appointment
（約束）
supervision
（監督）
install
（設置する）
appreciate
（感謝する）
paperwork
（事務作業）
stop by
（立ち寄る）
memorandum
（社内回覧）

DAY 01 オフィス

address
（取り組む）
inquire
（尋ねる）
respond to
（返答する）
authorize
（承認する）
online
（オンライン上の）

premises
（敷地内）
vending machine
（自販機）
in person
（直接会って）
enclose
（同封する））
colleague
（同僚））
subordinate
（部下）
contact
（連絡する）

DAY 01 オフィス

● 動詞

No.	単語	意味
0001	**address** [ədrés]	[動] 取り組む [名]「演説」の意味も重要。a keynote address「基調演説」[類] deal with
0002	**appreciate** [əprí:ʃièit]	[動] 感謝する [名] appreciation「感謝」 really, fully, greatly, highly, very muchなどを前に付け強調することが多い
0003	**assure** [əʃúər]	[動] 保証する [名] assurance「保証」 [類] promise「約束する」
0004	**attach** [ətǽtʃ]	[動] 添付する [名] attachment「添付（物）」 [形] attached「添付された」
0005	**authorize** [ɔ́:θəràiz]	[動] 承認する [名] authorization「認可」 [名] authority「権限」
0006	**confirm** [kənfə́:rm]	[動] 確認する [名] confirmation「確認」
0007	**contact** [kántækt | kɔ́n-]	[動] 連絡する [=] get in touch with [連] contact information「連絡先」
0008	**correspond** [kɔ̀:rəspánd | kɔ̀rəspɔ́nd]	[動] 連絡する [名] correspondence「通信」 [名] correspondent「特派員」

Please address this matter right away.	今すぐにこの問題に取り組んでください。
I'd really appreciate any information you can tell me.	いただける情報は、どのようなものでも大変ありがたく存じます。
I can assure you that you'll have our full cooperation.	当社が全面的に協力させていただくことを保証いたします。
Attach a recent photograph to your application form.	申込書に最近の写真を添付してください。
I need to check with Accounting before I authorize this payment.	この支払いを許可する前に、経理部に確認する必要があります。
Please call to confirm your reservation.	予約確認のために電話をお願いいたします。
Feel free to contact me if you have any concerns.	何か懸念がある場合は、どうぞお気軽にご連絡ください。
I continue to correspond with my former colleagues.	私は昔の同僚と連絡を取り続けています。

DAY 01 オフィス

No.	単語	意味
0009	**enclose** [enklóuz]	動 同封する 名 enclosure「同封（物）」 形 enclosed「同封された」
0010	**ensure** [enʃúər]	動 確約する = make sure
0011	**estimate** [éstəmèit]	動 見積もる 名 estimate「見積もり」
0012	**forward** [fɔ́:rwərd]	動 転送する 形 forward「前方の」
0013	**hesitate** [hézitèit]	動 躊躇する 名 hesitation「躊躇」 形 hesitant「ためらっている」
0014	**inquire** [inkwáiər]	動 尋ねる 名 inquiry「問い合わせ」
0015	**install** [instɔ́:l]	動 設置する install「委託する」の意味も大切 名 installation「設置」 関 vending machine「自販機」
0016	**regret** [rigrét]	動 残念に思う 形 regretful「残念な」 副 regrettably「残念ながら」

Please enclose all the necessary documents.	すべての必要な書類を同封してください。
I'll ensure that we're finished by the deadline.	当社は、期日までに終了させることを保証いたします。
Currently, we're not able to estimate the extent of the problem.	現在のところ、我々は問題の程度を推定することができません。
Please forward this document to our president.	この文書を社長に転送してください。
Don't hesitate to ask me if you have any questions.	もし何か質問がある場合は、遠慮なくご連絡ください。
We must inquire into the incident immediately.	我々はすぐにその事故について調査しなければなりません。
They're installing a new heating system in our office.	彼らは当社のオフィスに新しい暖房システムを設置しています。
We regret to inform you that the position has already been filled.	残念ながら、ポジションが既にうまってしまったことをご連絡いたします。

No.	単語	意味
0017	**respond to**	動 返答する 名 response「返答」
0018	**suspend** [səspénd]	動 停止する 名 suspension「停止」 形 suspended「停止された」
0019	**transfer** [trænsfə́ːr]	動 転勤する 名 transfer「移動」
0020	**translate** [trænsléit]	動 翻訳する 名 translation「翻訳」、translator「翻訳者、通訳」連 translate A into B「AをBに翻訳する」

● 名 詞

No.	単語	意味
0021	**appointment** [əpɔ́intmənt]	名 約束 人と会う約束はpromiseではなくappointment 連 make an appointment「人と会う約束をする」動 appoint「指名する」
0022	**CEO**	名 最高経営責任者 Chief Executive Officerの略 関 COO (Chief Operating Officer) 最高執行責任者 関 CFO (Chief Financial Officer) 最高財務責任者
0023	**colleague** [káliːg]	名 同僚 = coworker
0024	**department** [dipáːrtmənt]	名 部門 連 department store「百貨店」

Dave didn't respond to any of her emails.	Daveは彼女のメールに何も返答しませんでした。
Her license is suspended so she commutes by train.	彼女は免許停止中なので、電車で通勤しています。
The boss recommended I transfer to the overseas branch.	上司から海外支店への転勤をすすめられました。
You'll need to translate our proposal for our foreign clients.	あなたは我々の提案を外国の顧客に翻訳する必要があります。

His appointment was slotted for 1:00 pm.	彼の予約は午後1時に割り当てられました。
The Chief Executive Officer, or CEO, is usually appointed by a board of directors.	最高経営責任者は通常、取締役会で任命されます。
Many of our colleagues eat lunch at their desks.	我々の同僚の多くは自分のデスクで昼食をとります。
Once a week, all department heads routinely get together.	週に1度、全部署の幹部が定期的に集まります。

DAY 01 オフィス

0025	**extension** [ikstén∫ən]	名 内線 extension「拡張、延長」の意味も大切 動 extend「延長する」 連 extension number「内線番号」
0026	**headquarters** [hédkwɔ̀ːrtərz]	名 本社 = head office 反 branch「支店」
0027	**memorandum (memo)** [mèmərǽndəm]	名 社内回覧 一般的にletterは「社外文書」、memoは「社内文書」
0028	**negotiation** [nigòu∫iéi∫ən]	名 交渉 動 negotiate「交渉する」 関 negotiator「交渉人」
0029	**paperwork** [péipərwə̀rk]	名 事務作業 関 red tape「お役所仕事」
0030	**paycheck** [péit∫èk]	名 給料（小切手） = salary 関 pay roll「給料、支払い簿」
0031	**premises** [prɜməsiiz]	名 敷地内 premise「仮説」の意味も大切 連 on the premises「敷地内の」
0032	**registration** [rèdʒəstréi∫ən]	名 登録 動 register「登録する」

Please dial extension 604 if you need any help.	人手が必要な場合は、内線604にお電話ください。
Did you hear that headquarters will relocate at the first of the month?	本社が月初に移転することを聞きましたか。
The memorandum was mistakenly dated November 3.	その社内回覧は誤って11月3日付になっていました。
Your desired salary will be a matter of negotiation.	あなたが希望する給料は交渉案件になるでしょう。
She completed the requisite paperwork.	彼女は必要な事務作業を終えました。
I can't do anything until I get my next paycheck.	私は次の給料をもらうまでは、何もできません。
Smoking is not allowed on the premises.	敷地内での喫煙は禁止されております。
Make sure your registration form is filled in legibly.	あなたの登録用紙に、読みやすく記入されているかよくご確認ください。

0033	**subordinate** [səbɔ́:rdənət]	名 部下 ⇔ boss, supervisor「上司」
0034	**supervision** [sù:pərvíʒən]	名 監督 動 supervise「監督する」 関 supervisor「監督者」

● 形容詞・副詞

0035	**administrative** [ədmínəstrèitiv]	形 管理の 動 administer「管理する」 名 administration「管理」
0036	**confusing** [kənfjú:ziŋ]	形 混乱している 動 confuse「混乱する」 名 confusion「混乱」
0037	**grateful** [gréitfl]	形 感謝している = thankful 名 gratitude「感謝」
0038	**online** [ánláin]	副 オンライン上の 「オンラインで」という意味の副詞として使用される場合がほとんどで、前置詞を伴わない

● イディオム・その他

0039	**be pleased to do**	喜んで～する = be delighted to do, be happy to do, be glad to do
0040	**board of directors**	取締役会 非営利法人では「理事会」の意味 類 board of trustees「評議員会」

A boss should watch their language around subordinates.	上司は部下同士の発言に注意すべきです。
She'll be under my supervision during her short stint.	彼女は少しの間、私の管轄下になるでしょう。

There is so much administrative work in the public sector.	公的機関の業務には、かなりの事務作業があります。
To the casual observer, this system may appear confusing.	事情を知らない人には、このシステムは混乱を招くかもしれません。
I'll be eternally grateful to you for this.	この件においては、心より感謝しております。
We are going to send the information online.	オンラインで情報を送らせていただきます。

I'd be pleased to help in any way I can.	できる限りのことは、喜んでお手伝いさせていただきます。
Once the board of directors approve, we'll be good to go.	取締役会が認めれば、我々はすぐに着手できます。

DAY 01 オフィス

0041	**feel free to do**	気軽に～する 類 don't hesitate to do「～するのに躊躇しない」
0042	**in charge of**	担当して = be responsible for 関 I'm in charge.「私が担当しています」
0043	**in person**	直接会って 電話、FAX、Emailなどではなく、自ら直接その場に出向くこと
0044	**keep in touch**	連絡を取り合う 相手との関係を継続したい場合、文末によく使用される表現
0045	**on short notice**	突然に 事前の連絡などなく、時間的余裕のない状況下で
0046	**stop by**	立ち寄る = drop in 関 stop over「途中下車する」

Feel free to tell us your own ideas.	お気軽にご意見ください。
He is in charge of the new housing project.	彼は新しい住宅プロジェクトの担当者です。
You'll need to come in person to pick up the lost item.	紛失物受領の際は、直接お越しいただく必要がございます。
They managed to keep in touch over the years.	彼らは何年にもわたり、何とか連絡を取り続けました。
The overseas trip was planned on short notice.	海外旅行が急に計画されました。
Please stop by my office when you have time.	お時間がある際に私のオフィスにお立ち寄りください。

DAY 01 旅　行

vessel
（船）
pier
（桟橋）
depart
（出発する）
destination
（目的地）
London
boarding pass
（搭乗券）
London
Paris
itinerary
（旅程）
flight attendant
（客室乗務員）
Airport
pick up
（車で迎えに行く）
baggage
（手荷物）

DAY 1
DAY 2
DAY 3
DAY 4
DAY 5
DAY 6
DAY 7
DAY 8
DAY 9
DAY 10
DAY 11
DAY 12
DAY 13
DAY 14
DAY 15
DAY 16
DAY 17
DAY 18
DAY 19
DAY 20

DAY 01 旅 行

動 詞

0047	**depart** [dipɑ́:rt]	動 出発する 名 departure「出発」 類 leave「離れる」
0048	**deteriorate** [ditíəriərèit]	動 悪化する 名 deterioration「悪化」
0049	**fasten** [fǽsn]	動 締める fastenのtは発音しない
0050	**reschedule** [ri:skédʒu:l | ri:ʃédʒu:l]	動 予定を変更する 関 on schedule「予定通り」 関 behind schedule「予定より遅れて」 関 ahead of schedule「予定より早く」

名 詞

0051	**accommodation** [əkɑ̀mədéiʃən]	名 宿泊施設 動 accommodate「収容する」 形 accommodating「親切な」
0052	**admission** [ədmíʃən]	名 入場料 動 admit「許可する」 連 admission fee「入場料」
0053	**baggage** [bǽgidʒ]	名 手荷物 不可算名詞扱い = luggage
0054	**belongings** [bilɔ́:ŋiŋs, -lɑ́ŋ- | -lɔ́ŋ-]	名 持ち物 常に複数形

Our plane departs early so we should get a good night's sleep.	我々の飛行機は早く出発するので、今夜は充分休んだ方がいいです。
If the weather continues to deteriorate, our flight may be canceled.	もし、天候が悪化し続けたら、我々の飛行機は欠航になるかもしれません。
Passengers must fasten their seatbelts prior to take off.	乗客は、離陸前にシートベルトを着用しなければなりません。
The tour needed to be rescheduled due to the typhoon.	そのツアーは、台風のせいで予定を変更しなければなりませんでした。

It'll be difficult to find accommodations at that time of year.	その時期に宿泊施設を見つけるのは、難しいでしょう。
Look online to check the admission prices.	入場料を確認する際は、オンラインをご覧ください。
Our baggage was waiting for us in our hotel room.	我々の手荷物はホテルの部屋にありました。
He collected his personal belongings and left.	彼は、私物をまとめて立ち去りました。

DAY 02 旅　行

0055	**boarding pass**	名 搭乗券 動 board「搭乗する」
0056	**conductor** [kəndʌ́ktər]	名 車掌 「指揮者」の意味も大切
0057	**delay** [diléi]	名 遅滞 動 delay「遅らせる」 形 delayed「遅れた」
0058	**departure** [dipɑ́ːrtʃər]	名 出発 「離職」の意味も重要 ⇔ arrival「到着」 動 depart「出発する」
0059	**destination** [dèstənéiʃən]	名 目的地 連 tourist destination「観光地」
0060	**direction** [dərékʃən]	名 道順 通常複数形扱い
0061	**dock** [dák]	名 波止場 関 be docked「～に停泊する」 連 in dock「停泊して」
0062	**fare** [féər]	名 運賃 バス、電車、地下鉄、タクシーなどの運賃のこと

I keep all my boarding passes as souvenirs.	私は、旅の記念に搭乗券をすべて保管しています。
Ask the train conductor where we should get off.	私たちはどこで降りるべきか、車掌さんに聞いてください。
There seems to be some delay with the bullet train schedule.	新幹線の運行スケジュールに遅延が生じているようです。
Leave your hotel key at reception before departure.	出発前に、ホテルの部屋の鍵を受付に渡してください。
Will London be your final destination on this trip?	ロンドンがこの旅の最後の目的地ですか。
It'd be better to ask a store clerk for directions.	道順は店員に尋ねたほうがいいでしょう。
The cruise ship was in dock for repairs.	修理のため、クルーズ船が波止場に停泊しています。
I have just enough money for bus fare.	私は、バスの運賃ぴったりのお金を持っています。

No.	単語	意味
0063	**flight attendant**	名 客室乗務員 = cabin attendant (CA) stewardess は最近あまり使用しない
0064	**fountain** [fáuntn]	名 噴水 飲料の販売機の意味もある
0065	**hospitality** [hàspətǽləti]	名 歓待 連 hospitality industry「接客サービス業」形 hospitable「もてなしの良い、快適な」
0066	**intersection** [ìntərsékʃən]	名 交差点 パート1でよく出題される
0067	**itinerary** [aitínərèri]	名 旅程 = travel schedule
0068	**jet lag**	名 時差ぼけ 連 recover from jet lag「時差ぼけから回復する」
0069	**landmark** [lǽndmàːrk]	名 名所 陸の目印になるような場所
0070	**leave** [líːv]	名 休暇 連 sick leave「病欠休暇」maternity leave「出産休暇」childcare leave「育児休暇」paid leave「有給休暇」

The flight attendant welcomed us aboard.	客室乗務員は我々の搭乗を歓迎してくれました。
Throw money into the fountain and make a wish.	噴水にお金を投げ入れてから、願いごとをしてください。
Japanese people are known for their hospitality.	日本人はおもてなしの心で知られています。
Take a left turn at the intersection.	交差点で左折してください。
Our itinerary includes a visit to Central Park.	我々の旅程にはセントラルパーク観光も含まれています。
I'm still suffering from jet lag after my trip.	私は旅行のあとも、まだ時差ぼけに悩まされています。
The day included visiting many famous landmarks.	その日は、多くの名所の観光が含まれていました。
How much annual leave do you get?	あなたは年次休暇をどのくらい取得しますか。

DAY 02 旅 行

0071	**luggage** [lʌ́gidʒ]	名 手荷物 不可算名詞扱い = baggage
0072	**paid holiday**	名 有給休日 = paid leave
0073	**pier** [píər]	名 桟橋 = wharf 「埠頭」という意味もある
0074	**rest** [rést]	名 休暇 「残り」という意味も重要 the rest of today「今日の残りの時間」
0075	**toll** [tóul]	名 通行料 連 toll-free「無料電話」
0076	**trail** [tréil]	名 小道 関 trail to「～を追跡する」
0077	**transportation** [trænspərtéiʃən]	名 交通 動 transport「移動する」
0078	**vessel** [vésl]	名 船 類 ship, boat

Do not leave your luggage unattended.	手荷物を放置しないでください。
You'll receive 25 days of paid holiday per year.	あなたは年間で25日の有給休暇を取得することになります。
Many couples walk along the pier at sunset.	多くのカップルが夕暮れどきに、桟橋沿いを散歩します。
This weekend I'll get plenty of rest and relaxation.	今週末はゆっくりと休養します。
We don't have road tolls where I'm from.	私の出身地には有料道路はありません。
Follow the winding trail to get to the beach.	海岸に行くためには、曲がりくねった小道を辿ってください。
You'll have to organize your own transportation to the airport.	あなたは空港までの交通手段を自分で手配しなければなりません。
The harbor was scattered with sailing vessels.	港にはいたるところに帆船が停泊しています。

DAY 02 旅行

● 形容詞・副詞

0079	**bound** [báund]	形 行きの 熟 be bound to「～に縛られる」
0080	**compensatory** [kəmpénsətɔ̀ːri]	形 振替の 連 compensatory leave「代休」
0081	**congested** [kəndʒéstid]	形 混雑した 名 congestion「混雑」
0082	**fluent** [flúːənt]	形 流暢な 名 fluency「流暢さ」 副 fluently「流暢に」
0083	**round-trip** [ràundtríp]	形 往復の ⇔ one-way「片道の」

● イディオム・その他

0084	**in advance**	事前に 連 Thank you in advance for your consideration.「よろしくお願いします」
0085	**on foot**	徒歩で by car, by train, by busのように、交通手段を表すときは、byのあとに冠詞を入れない
0086	**pick up**	車で迎えに行く 関 give someone a ride「人を車で送る」

This train is bound for Tokyo.	この電車は東京行きです。
Staff get a compensatory day off if a holiday falls on a weekend.	祝日が週末と重なった場合、スタッフは振替休暇を取得します。
All roads over the holiday were heavily congested.	祝日中、すべての道路がかなり混雑していました。
She is fluent in four languages.	彼女は4ヶ国語に堪能です。
You often need to show your round-trip plane ticket when entering other countries.	他国に入国する際は、しばしば往復チケットを提示する必要があります。

You must pay for the room in advance.	あなたは事前に部屋代の支払いをする必要があります。
Well, I'm not going home on foot in this weather.	ええと、私はこの天気の中、歩いて帰るつもりはありません。
Please pick me up at 4pm.	4時に迎えに来てください。

製造・販売・マーケティング

inventory
(在庫)
supply
(供給)
warehouse
(倉庫)
dismantle
(解体する)
weigh
(重さを量る)
manufacturer
(製造者)
prevent
(防ぐ)
inspector
(検査官)
assemble
(組み立てる)
component
(部品)

DAY 1
DAY 2
DAY 3
DAY 4
DAY 5
DAY 6
DAY 7
DAY 8
DAY 9
DAY 10
DAY 11
DAY 12
DAY 13
DAY 14
DAY 15
DAY 16
DAY 17
DAY 18
DAY 19
DAY 20

製造・販売・マーケティング

● 動詞

	見出し語	意味・解説
0087 ☐☐	**assemble** [əsémbl]	動 組み立てる 名 assembly「集会」 関 assembly line「組立ライン」
0088 ☐☐	**break even**	動 収支を合わせる 関 break-even point「損益分岐点」
0089 ☐☐	**carry** [kǽri]	動 取り扱う リスニングで頻出。「持つ」「運ぶ」の意味と一緒に覚えること
0090 ☐☐	**compensate** [kάmpənsèit]	動 補償する 名 compensation「補償」「報酬」「埋め合わせ」「賠償金」
0091 ☐☐	**dismantle** [dismǽntl]	動 解体する 名 dismantling「解体」
0092 ☐☐	**launch** [lɔ́ːntʃ]	動 はじめる 新商品の発売やキャンペーンなどをはじめること 名 launch「新発売」
0093 ☐☐	**observe** [əbzə́ːrv]	動 遵守する 「見学する」の意味以外に、「遵守する」も重要
0094 ☐☐	**possess** [pəzés]	動 有している 名 possession「所有」

The shelf comes in pieces that you assemble yourself.	その棚には、自分で組み立てるための部品の状態で届きます。
We just managed to break even last month.	当社は先月、何とか収支を合わせることができました。
Sorry, we don't carry the magazine *Global Watch*.	申し訳ありませんが、*Global Watch*という雑誌は取り扱っておりません。
Insurance should compensate your factory for the earthquake damage.	地震による貴社工場の損害には、保険が適用されるべきです。
It took time to dismantle the large machine.	大型機械の解体には時間がかかりました。
We're busy because a new product is launching soon.	新商品が間もなく発売されるため、当社はとても立て込んでいます。
We should observe the correct protocol.	我々は正しい手順を遵守すべきです。
He possesses a good eye for finding potential markets.	彼は潜在的な市場を見つけ出す慧眼(けいがん)を持っています。

0095	**prevent** [privént]	動 防ぐ 名 prevention「予防」 形 preventive「予防のための」 熟 prevent A from ~ing「Aが～するのを止める」
0096	**proceed** [prəsíːd]	動 進める 関 proceeds「収益金」 関 proceeding「訴訟、議事録」
0097	**renovate** [rénəvèit]	動 改修する 名 renovation「改修」
0098	**restore** [ristɔ́ːr]	動 修復する 名 restoration「修復」
0099	**resume** [rizúːm | rizjúːm]	動 再開する re は again を意味する
0100	**retain** [ritéin]	動 保持する 名 retainment「保持」
0101	**substitute** [sʌ́bstətùːt | sʌ́bstətjùːt]	動 代用する 名 substitution「代用」 名 substitute「代わりの人、モノ」 連 substitute teacher「代理教師」
0102	**weigh** [wéi]	動 重さを量る 名 weight「重さ」 関 outweigh「～より重要である」

Sell now to prevent any further loss.	更なる損失を防ぐためには、今売却しなさい。
We can't proceed with the plan until we hear from head office.	我々は本社から連絡がない限り計画を進めることはできません。
He renovates old furniture for a living.	彼は古い家具の改修をして、生計を立てています。
It may be cheaper to restore this couch than to buy a new one.	新しいソファーを購入するよりも、これを直したほうが安いかもしれません。
Despite the large earthquake, we all had to resume our operation.	巨大地震にもかかわらず、我々は皆、業務を再開しなければなりませんでした。
The CEO wanted to retain control of the subsidiaries.	CEOは子会社を管理下に置き続けたいと考えていました。
We can save costs by substituting all glass material with plastic.	すべてのガラスをプラスチックで代用することで、我が社はコストを節約できます。
Weighing each package is not a good use of time.	それぞれの小包の重さを量るのは、良い時間の使い方ではありません。

DAY 03 製造・販売・マーケティング

● 名詞

0103	**app** [ǽp]	名 アプリ application の略語だが、TOEIC では app で出題される
0104	**bulk** [bʌ́lk]	名 大半 連 bulk discount「バルクディスカウント」(大量注文に伴う値引き)
0105	**cannibalization** [kænibəlizéiʃən]	名 共食い 自社商品同士が同じ顧客を奪い合うこと
0106	**component** [kəmpóunənt]	名 部品 「成分、要素」という意味も重要 = parts
0107	**criteria** [kraitíəriə]	名 基準 criteria は複数で、単数は criterion
0108	**defect** [díːfekt]	名 欠陥 = flaw 形 defective「欠陥のある」 類 malfunction「故障」
0109	**elasticity** [ilæ̀stísəti]	名 弾力性 形 elastic「弾力的な」
0110	**flyer** [fláiər]	名 チラシ 類 pamphlet「パンフレット」

These days, there is an app for almost anything.	最近では、ほとんど何にでもアプリがあります。
The bulk of the job applications were received today.	大量の応募書類が本日届きました。
Having too many coffee shops in the area is causing cannibalization and price wars.	その地区には､あまりにも多くのコーヒー店が存在しているため､潰し合いや価格競争が起きています。
Each component is checked carefully before assembly.	組み立て前に、それぞれの部品は注意深く点検されています。
The client is responsible for giving us clear criteria for the project.	クライアントは プロジェクトの明確な基準を我が社に提示する責任があります。
A defect was found in some of the products.	いくつかの商品に欠陥が見つかりました。
There's not a lot of price elasticity in the imported luxury cars market.	輸入高級車市場では、大きな価格弾力性はありません。
The man is handing out flyers.	男性はチラシを配っているところです。

DAY 03 製造・販売・マーケティング

No.	見出し語	意味・関連語
0111	**focus group**	名 フォーカスグループ 意見を収集するために集められた少人数グループ
0112	**footwear** [fútwèr]	名 履き物 類 shoes「靴」
0113	**inspector** [inspéktər]	名 検査官 動 inspect「検査する」 関 inspection「検査」
0114	**inventory** [ínvəntɔ̀:ri]	名 在庫 = stock 会計用語としてはinventoryを使う。「在庫品リスト」の意味もある
0115	**manufacturer** [mæ̀njəfǽktʃərər]	名 製造業者 = maker 動 manufacture「製造する」
0116	**merchandise** [mə́:rtʃəndàiz]	名 商品 不可算名詞 = goods, item 動 merchandise「販売する」
0117	**niche** [nítʃ]	名 ニッチ 関 nicher「ニッチャー」
0118	**outlet** [áutlèt]	名 店舗 「電気のコンセント」の意味もある

Before launch, we will use a focus group for the new soft drink.	我が社は新しいソフトドリンクの発売前にフォーカスグループを利用します。
That store specializes in footwear.	あの店は履き物類を専門に扱っています。
The kitchen crew worked hard before the health inspector's arrival.	衛生検査員の到着前、調理スタッフは懸命に検査に備えました。
Some stores check their inventory every week.	毎週在庫点検をする店舗もあります。
The clothing manufacturer had several outlets in other cities.	その衣類製造業者は他の都市にいくつかの店舗を所有していました。
We are selling a full range of baseball merchandise.	当店はあらゆる野球関連商品を販売しております。
Finding a niche market is the best option for new businesses.	すき間市場を見つけることが、新しいビジネスにとって最善の選択肢です。
We are going to open a new outlet next month.	我々は来月、新店舗を開店します。

No.	単語	意味
0119	**questionnaire** [kwèstʃənéər]	名 アンケート 「アンケート」はフランス語の表現。英語ではquestionnaireまたはsurveyを使う
0120	**replacement** [ripléismənt]	名 代替 動 replace「交換する、後任となる」
0121	**segmentation** [sègməntéiʃən]	名 細分化 関 segment「セグメント、部分」
0122	**strategy** [strǽtədʒi]	名 戦略 形 strategic「戦略的な」 関 tactics「戦術」
0123	**supply** [səplái]	名 供給 ⇔ demand「需要」 動 supply「供給する」
0124	**survey** [sə́rvei]	名 調査 = research 連 conduct a survey「調査を実施する」 動 survey「調査する」
0125	**warehouse** [wéərhàus]	名 倉庫 Part1でよく出題される 類 stockroom「在庫室」
0126	**warranty** [wɔ́:rənti | wɔ́r-]	名 保証 = guarantee 連 under warranty「保証期間中」

To generate the greatest response, a questionnaire should be short and simple.	最高の回答を導き出すためには、アンケートは短く、簡素であるべきです。
Tom is leaving us so we need to find a replacement.	Tomが退職するので、後任を見つける必要があります。
Segmentation is the first step in any marketing activity.	細分化はマーケティング活動での最初のステップです。
Executives agreed to modify their marketing strategy.	役員らは彼らのマーケティング戦略の変更に賛成しました。
He was worried that he had no emergency food supply.	彼は非常食の備えがまったくないことが心配でした。
Let's check employee satisfaction through an online survey.	オンライン調査を通して従業員の満足度を確認しましょう。
Go to the warehouse directly with any issues you have with stock.	在庫に何か問題があれば、倉庫に直接行ってください。
Even though it's a couple months old, it should still be under warranty.	たとえ数ヶ月経過しているとしても、まだ保証期間中であるべきです。

0127	**word of mouth**	名 口コミ 略 WOM

● 形容詞・副詞

0128	**affordable** [əfɔ́ːrdəbl]	形 手に入れやすい 類 reasonable「お値頃な」
0129	**obsolete** [àbsəlíːt]	形 時代遅れの ＝ out of date
0130	**valid** [vǽlid]	形 有効な ＝ good ⇔ invalid「無効な」 動 validate「証明する」

● イディオム・その他

0131	**corner the market**	市場を独占する 類 monopolize「独占する」
0132	**mark down**	値下げする ＝ discount
0133	**on sale**	特売価格で 関 for sale「売り物の」

Word of mouth through the Internet can make or break a business.	インターネットによる口コミは、事業の成否を握ります。

VR headsets are slowly becoming much more affordable.	VRヘッドセットは徐々に、より手に入れやすくなってきています。
Virtual Reality will make traditional TV video games obsolete.	VRの登場により、従来のテレビビデオゲームは時代遅れになるでしょう。
This coupon is valid until the end of this month.	このクーポンは今月末まで利用可能です。

Since 2017, they've really cornered the market.	2017年以来、彼らは事実上、市場を独占しています。
All these clothes you see have been marked down.	ご覧いただいているこれらすべての衣類は値下げされています。
Appliances usually go on sale right before they introduce a newer model.	電化製品は、たいてい新製品が出る直前に特売価格になります。

DAY 03  

convention
（大会）

OOOOOOOO
convention

pie chart
（円グラフ）

summarize
（要約する）

agenda
（議題）

chair
（司会をする）

argue
（言い争う）

theme
(テーマ)
mention
(言及する)
distribute
(配布する)
approve
(承認する)
illustrate
(説明する)
minutes
(議事録)

DAY 03 会議

● 動詞

No.	単語	意味・関連語
0134	**approve** [əprúːv]	動 承認する ⇔ disapprove「承認しない」 名 approval「承認」
0135	**argue** [áːrgjuː]	動 言い争う 「論じる」の意味も重要 名 argument「議論」
0136	**chair** [tʃéər]	動 司会をする 名 chair「議長」 関 chairperson「議長」
0137	**clarify** [klǽrəfài]	動 明らかにする 名 clarification「明確化」
0138	**contradict** [kàntrədíkt]	動 矛盾する 名 contradiction「矛盾」 形 contradictory「矛盾した」
0139	**determine** [ditə́ːrmin]	動 決定する 名 determination「決定」
0140	**distribute** [distríbjuːt]	動 配布する = hand out 名 distribution「配布、分配、流通」 名 distributor「販売店、卸売業者」
0141	**identify** [aidéntəfài]	動 明確にする 名 identification「身分証明」

The boss wouldn't approve the new budget request.	上司は新しい予算要求を承認しないでしょう。
Never argue in front of a client.	顧客の前で、言い争いはしないでください。
He was asked to chair the afternoon conference discussion.	彼は午後の会議の議長を依頼されました。
Could you clarify your main argument for me?	あなたの主な論点を、私に明らかにしてくれませんか。
I believe you're contradicting what you said before.	あなたがおっしゃることは、先程述べられたことと矛盾していると思います。
The boss will determine who the new manager will be.	上司は、新しいマネージャーを誰にするか決定するでしょう。
Can you distribute the brochure to every participant?	参加者全員に小冊子を配布していただけますか。
Try to identify the bottleneck in our shipping warehouse.	我が社の倉庫からの発送において、妨げとなる点を明確にしてください。

DAY 03 会議

No.	単語	意味
0142	**illustrate** [íləstrèit]	動 説明する 名 illustration「イラスト」
0143	**interrupt** [ìntərʌ́pt]	動 遮る 名 interruption「妨害」
0144	**mention** [ménʃən]	動 言及する 他動詞なので、目的語が直後にくる。そのため、前置詞を伴わない
0145	**object** [əbdʒékt]	動 反対する 名 objection「反対」 名 object「目的、モノ」の意味もある
0146	**persuade** [pərswéid]	動 説得する 名 persuasion「説得」
0147	**summarize** [sʌ́məràiz]	動 要約する = sum up 名 summary「要約」
0148	**urge** [ə́:rdʒ]	動 促す urge A to do「Aに～するように（強く）促す」

● 名詞

No.	単語	意味
0149	**agenda** [ədʒéndə]	名 議題 = topic 連 meeting agenda「会議の議題」

Please illustrate what's going on with this project.	このプロジェクトがどのように進んでいるか説明してください。
Don't interrupt others when they are talking.	他者が話をしているときは、話を遮らないでください。
You mentioned this issue before.	あなたは以前もこの問題について言及しました。
If no one objects, I'll proceed with the plan.	反対意見がなければ、私はその計画を進めます。
I tried to persuade the client to say yes.	私は、クライアントが同意するよう説得を試みました。
Could you summarize the meeting's main topics?	会議の主題について、要約していただけませんか。
Please urge newcomers to speak their opinions.	新人たちに、意見を述べるよう促してください。

The agenda should be sent out before the meeting.	議題は会議前に送信されるべきです。

DAY 04 会議

	単語	意味
0150	**convention** [kənvénʃən]	名 大会 「習慣、協定」の意味もある 形 conventional「従来の」
0151	**devil's advocate**	名 反対の意見を述べる人 議論を深めるためにあえて反対の意見を述べること
0152	**discretion** [diskréʃən]	名 裁量 形 discretionary「自由裁量の」 熟 at one's discretion「(人)の裁量で」
0153	**minutes** [mínəts]	名 議事録 会議などの内容をまとめた文書
0154	**objective** [əbdʒéktiv]	名 目的 形 objective「客観的な」 副 objectively「客観的に」
0155	**pie chart**	名 円グラフ 関 bar graph「棒グラフ」 関 line chart「折れ線グラフ」
0156	**theme** [θíːm]	名 テーマ = topic, subject
0157	**validity** [vəlídəti]	名 妥当性 形 valid「有効な」

I plan to take Tina to the gaming convention.	私はTinaをゲーム大会に連れて行く予定です。
He always plays the devil's advocate in meetings.	彼は会議でいつもわざと反対意見を述べます。
I'll use discretion when making the final decision.	最終決定を下す際は、自らの裁量で行うつもりです。
Send me the meeting minutes after you write them up.	議事録を書き上げたら、私に送信してください。
Our meeting objectives are to reduce total costs.	会議の目的は、全体の費用を削減することです。
For presentations, pie charts convey information quite simply.	プレゼンテーションにおいて、円グラフはとても簡潔に情報を伝えます。
Our brochure this year will have a summertime theme.	今年、当社の小冊子は夏のテーマがあります。
Let's discuss the validity of these financial statements.	これらの財務諸表の妥当性について話し合いましょう。

DAY 04 会　議

● 形容詞・副詞

No.	見出し語	意味・関連語
0158	**alternative** [ɔːltə́ːrnətiv]	形 代替の 名 alternative「代替物、選択肢」 副 alternatively「代わりに」
0159	**annual** [ǽnjuəl]	形 年次の 連 annual report「年次報告書」 関 biannual「半期の」
0160	**briefly** [bríːfli]	副 手短に 名 brief「指示事項」 形 brief「簡潔な」
0161	**complicated** [kámpləkèitəd]	形 複雑な = complex 動 complicate「複雑にする」 名 complication「複雑」
0162	**comprehensive** [kàmprihénsiv]	形 総合的な 名 comprehension「理解」 動 comprehend「理解する」 関 comprehensible「理解できる」
0163	**contrary** [kántrèri]	形 反対の 熟 contrary to ~「~に反して」
0164	**deliberately** [dilíbərətli]	副 意図的に = on purpose, intentionally 形 deliberate「故意の」
0165	**feasible** [fíːzəbl]	形 実現可能な 名 feasibility「実現可能性」

He had to make alternative arrangements due to the storm.	嵐のせいで、彼は代替案を作成しなければなりませんでした。
We'll get together at the annual meeting.	我々は、年次会議で集まる予定です。
We spoke briefly on the phone.	我々は電話で手短に話しました。
You should avoid any complicated explanation with clients.	クライアントに対しては、いかなる複雑な説明も避けるべきです。
She shows a comprehensive grasp of the subject.	彼女は議題を総合的に理解していることを示しています。
Brad had a very contrary opinion on the issue.	Bradは、その課題に対して正反対の意見を持っていました。
He deliberately kept silent about the matter.	彼は、その件について、意図的に沈黙を守りました。
I'm afraid your business plan is not feasible.	私は、あなたの計画は実現不可能だと思います。

DAY 04 会議

No.	単語	意味
0166	**ongoing** [ɑ́ngòuiŋ]	形 進行中の 関 go on~ing「～し続ける」
0167	**punctual** [pʌ́ŋktʃuəl]	形 時間に正確な 名 punctuality「時間に正確なこと」 関 on time「時間通り」
0168	**sensitive** [sénsətiv]	形 敏感な 名 sensitivity「感受性」
0169	**shortly** [ʃɔ́:rtli]	副 すぐに = soon 動 shorten「短くする」 形 short「短い」
0170	**simultaneous** [sàiməltéiniəs]	形 同時の 副 simultaneously「同時に」 連 simultaneous interpreter「同時通訳者」

There is an ongoing debate about this topic.	その議題については、進行中の議論があります。
The sales staff is always punctual for meetings.	販売スタッフは、常に会議の時間を守っています。
Be sensitive when speaking to a potential customer.	見込み客と話す際には、敏感になりなさい。
I'll be back shortly.	すぐに戻ります。
The keynote speech had simultaneous translation into Japanese.	基調講演では、日本語への同時通訳が行われました。

レストラン

bake
（オーブンで
パンやケーキを）焼く
ingredient
（食材）
broil
（オーブンなどで
肉や魚を）焼く
produce
（農産物）
stir-fry
（炒める）
dough
（生地）
dairy
（酪農品の）

scoop
（すくう）
diner
（食事客）
appetizer
（前菜）
organic
（オーガニックの）
pour
（注ぐ）
beverage
（飲み物）
patron
（常連客）

DAY 04 レストラン

● 動 詞

0171	**bake** [béik]	動 (オーブンでパンやケーキを) 焼く 名 bakery 「ベーカリー」 burn は 「燃やす」 の意味で食べ物では使用しない
0172	**broil** [brɔ́il]	動 (オーブンなどで肉や魚を) 焼く grill と同じ意味で使用されることもある
0173	**grill** [gríl]	動 (鉄板や網などの近火で) 焼く 類 broil, barbecue, BBQ 「バーベキューする」
0174	**pour** [pɔ́:r]	動 注ぐ 食卓で水、お茶、ワインなどを注ぐ場合に使用される
0175	**roast** [róust]	動 ローストする 肉の周囲から遠火でじっくり火を通すこと
0176	**scoop** [skú:p]	動 すくう 名 scoop 「すくい」 関 a scoop of ice cream 「ひとすくいのアイスクリーム」
0177	**stir-fry** [stə́:rfrái]	動 炒める 関 deep-fry 「油で揚げる」
0178	**treat** [trí:t]	動 おごる 名 treat 「おごり」 連 Dutch treat 「割り勘」 連 my treat 「私のおごり」

We are proud of serving freshly baked bread every morning.	当店は毎朝焼き立てのパンを提供していることに誇りを持っております。
Today's special is halibut that has been broiled with shrimp.	本日のスペシャルはエビとともに焼き上げたオヒョウでございます。
Please grill the buns to add black grill marks.	焼き色をつけるためにパンを焼いてください。
A server is pouring a glass of wine.	給仕係は、グラスにワインを注いでいます。
Start roasting the chicken before making the potatoes.	ジャガイモを調理する前に鶏肉を焼きはじめましょう。
Scoop the ice cream onto the cone.	コーンの上にアイスクリームをすくってください。
It's stir-fried with some oyster sauce.	それはオイスターソースで炒めたものです。
Let me treat you to lunch.	君にランチをおごらせてください。

DAY 04 レストラン

● 名 詞

0179	**appetite** [ǽpitàit]	名 食欲 関 mouth-watering「食欲をそそる」
0180	**appetizer** [ǽpitàizər]	名 前菜 食事の最初に出される「先付」「お通し」
0181	**beverage** [bévəridʒ]	名 飲み物 類 drink 連 complimentary beverage「無料の飲み物」
0182	**bite** [báit]	名 口にすること 動 bite「噛む」熟 a bite of bread「一口のパン」
0183	**dehydrator** [diːháidreitər]	名 乾燥機 動 dehydrate「乾燥、脱水する」
0184	**diner** [dáinər]	名 食事客 動 dine「食事をする」
0185	**dough** [dóu]	名 生地 パン、ピザ、ケーキなど小麦粉でつくる生地
0186	**ingredient** [ingríːdiənt]	名 食材 食べ物を構成する内容物

I've worked up quite an appetite.	私は、かなりお腹が空いています。
Let's start off with a small appetizer.	少量の前菜からはじめましょう。
Alcoholic beverages are not permitted on this bus.	アルコール飲料は当バスではご利用になれません。
Take a bite and tell me what you think.	味見をして感想を教えてください。
A dehydrator is necessary in your kitchen.	台所には乾燥機は必須です。
The restaurant counter is crowded with diners.	レストランのカウンターは食事客で混み合っています。
When the dough is sticky, just add more flour.	生地がくっつく場合は、ただ小麦粉を足してください。
Rice is an ingredient for many traditional desserts.	米は多くの伝統的なデザートの材料です。

DAY 04 レストラン

0187	**party** [pɑ́ːrti]	名 一行 2人以上の人間の一行、一団
0188	**patron** [péitrən]	名 常連客 関 patronage「愛顧」 sugar daddy「若い女性に金品などを貢ぐ中高年の男性」
0189	**patronage** [pǽtrənidʒ]	名 愛顧 関 patron「常連客」連 continued patronage「変わらぬ愛顧」
0190	**produce** [próuduːs]	名 農産物 野菜や果物のこと。動 produce「生産する」と混同しないこと
0191	**seasoning** [síːzniŋ]	名 調味料 形 seasoned「味付けした」

● 形容詞・副詞

0192	**authentic** [ɔːθéntik]	形 本格的な 名 authenticity「信憑性」
0193	**dairy** [déəri]	形 酪農品の 連 dairy farm「酪農」 連 dairy products「乳製品」
0194	**deep-fried** [díːpfráid]	形 (油で) 揚げた 関 stir-fry「炒める」

How many in your party?	何名様でしょうか。
He is a well-known patron of this bar.	彼はこのバーのよく知られた常連客です。
I try to give my patronage to this ice cream shop.	私はこのアイスクリーム店をひいきにするつもりです。
The produce for our salads should be as fresh as possible.	サラダ用の農作物はできるだけ新鮮であるべきです。
Taste it and adjust the seasoning as you see fit.	味見をして、あなたにあうように調味料で調整してください。

That place is known for its authentic Indian cuisine.	あそこは本格的なインド料理で知られています。
She can't eat any dairy products whatsoever.	彼女は、乳製品をまったく食べられません。
Tempura is a deep-fried fish and vegetable dish.	天ぷらは魚と野菜を揚げたものです。

DAY 05 レストラン

No.	見出し語	意味
0195	**harvested** [háːrvistəd]	形 収穫された 動 harvest「収穫する」
0196	**mouth-watering** [máuθwɔ̀təriŋ]	形 よだれの滴る 類 delicious「美味しい」
0197	**organic** [ɔːrgǽnik]	形 オーガニックの 有機栽培された食べ物などを意味する
0198	**rare** [réər]	形 生焼けの 関 medium「ミディアムの」 関 well-done「しっかり焼いた」
0199	**starving** [stáːrviŋ]	形 お腹の空いた = hungry, famished

● イディオム・その他

No.	見出し語	意味
0200	**help oneself**	自由に自分で取る ホストがゲストを招いたときに使う決まり文句
0201	**on the house**	店のおごりで 関 It's on me.「私のおごりです」
0202	**split the bill**	割り勘にする 関 separate「分ける」

Menu items are served with locally harvested potatoes.	メニューにある料理は、地元で収穫されたジャガイモとともに提供されています。
This is a mouth-watering dish.	これはとてもおいしそうな料理です。
Organic food for a cheap price is still hard to come by.	安い値段の自然食品はまだ手に入れにくいです。
Would you like your steak rare, medium, or well-done?	ステーキはレア、ミディアム、ウェルダンのどちらにいたしましょうか。
I'm absolutely starving right now.	私は今かなり空腹です。

Help yourself to our salad bar.	サラダバーはご自由にどうぞ。
This birthday cake is on the house.	この誕生日ケーキはお店からです。
If you don't mind, why don't we just split the bill?	差し支えなければ、割り勘にしませんか。

DAY 05 広 告

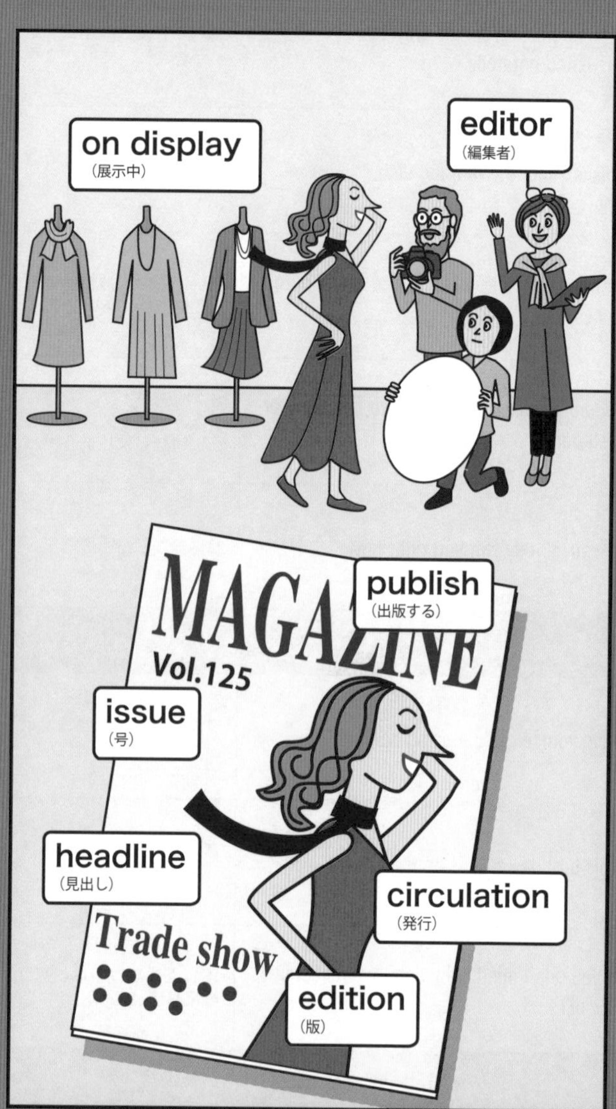
on display
（展示中）
editor
（編集者）
MAGAZINE
publish
（出版する）
Vol.125
issue
（号）
headline
（見出し）
circulation
（発行）
Trade show
edition
（版）

advertise
（広告する）
billboard
（（屋外の大きな）広告版）
MAGAZINE
MAGAZINE
article
（記事）
due date
（締め切り日）
author
（著者）

DAY 5

DAY 05 広　告

● 動　詞

No.	単語	意味
0203	**advertise** [ǽdvərtàiz]	動 広告する 名 advertisement、advertising「広告」 関 classified ad「三行広告欄」
0204	**announce** [ənáuns]	動 発表する 名 announcement「発表」 関 announcer「アナウンサー」
0205	**broadcast** [brɔ́:dkæ̀st]	動 放送する 過去形も過去分詞も同じ 名 broadcasting「放送」
0206	**feature** [fí:tʃər]	動 特集する 名 feature「特集」
0207	**place** [pléis]	動（広告を）掲載する 連 place an order「注文する」
0208	**publish** [pʌ́bliʃ]	動 出版する 関 publisher「出版社」
0209	**subscribe to**	動 定期購読する 名 subscription「定期購読」

● 名　詞

No.	単語	意味
0210	**article** [ɑ́:rtikl]	名 記事 「論文、条項、品物」の意味もある

It'll cost more to advertise during primetime.	ゴールデンタイムに広告を出すとさらに費用がかかります。
We will announce a new product line.	当社は新製品ラインを発表します。
The network can't broadcast every game of the World Cup.	その放送局はすべてのW杯のゲームを放送することはできません。
He is currently being featured in many magazine articles.	彼は最近多くの雑誌記事に取り上げられています。
We don't get to choose where our advertisement gets placed.	我々はどこに広告を掲載するか決めていません。
I can't publish your photo without consent.	あなたの写真を同意なしに掲載できません。
You can subscribe to the magazine for a very low cost.	極めて安い費用でその雑誌を定期購読することができます。

The article was written by someone unfamiliar with the subject.	その記事はそのテーマに詳しくない人が書きました。

DAY 05 広　告

0211	**author** [ɔ́:θər]	名 著者 = writer 動 authorize「承認する」
0212	**billboard** [bílbɔ̀rd]	名（屋外の大きな）広告版 関 outdoor advertising「屋外広告」
0213	**circulation** [sə̀:rkjəléiʃən]	名 発行、流通 動 circulate「発行する」 連 in circulation「流通して、出回って」
0214	**classified ads**	名 三行広告欄 関 classified information「機密情報」
0215	**coverage** [kʌ́vəridʒ]	名 報道範囲 保険の「補償範囲」という意味もある 連 live coverage「生中継」
0216	**due date**	名 締切日 = deadline, closing date dueだけでも締切の意味で使われる Due: May 29「締切：5月29日」
0217	**edition** [idíʃən]	名 版 連 limited edition「限定版」
0218	**editor** [édətər]	名 編集者 動 edit「編集する」 形 editorial「編集の」

He is the proud author of a bestselling book.	彼はベストセラー本を出した誇り高い作家です。
On the highway, a billboard caught his eye.	高速道路で、屋外広告看板が彼の目に留まりました。
That magazine has been in circulation for over 20 years.	あの雑誌は20年以上も発行され続けています。
Classified ads are a great way to offload old furniture.	三行広告欄は古い家具を処分する良い方法です。
This event promises to get a lot of media coverage.	このイベントは多くのメディアで必ず報道されます。
If payment is not made by the due date, 20% will be added to the bill.	もし締切日までにお支払いがない場合は、請求書に20%加算されます。
The latest edition of the textbook includes numerous corrections.	最新版のテキストには多数の修正があります。
She'll step down from her position as editor-in-chief.	彼女は編集長を辞めるつもりです。

DAY 05 広告

0219	**excerpt** [éksəːrpt]	名 抜粋 動 excerpt「抜粋する」
0220	**exposure** [ikspóuʒər]	名 露出 動 expose「露出する」 形 exposed「晒された」
0221	**footage** [fútidʒ]	名 映像 「撮影されたフィルム」を意味する
0222	**headline** [hédlàin]	名 見出し 関 headword「見出し語」
0223	**issue** [íʃuː]	名 号 新聞・雑誌等の「号（例：April issue「4月号」）。「課題」という意味も重要
0224	**publicity** [pʌblísəti]	名 パブリシティ 「広報、世間の注目」の意味 動 publicize「公にする」
0225	**subject line**	名 （Eメールの）件名 類 title「標題」
0226	**trade show**	名 展示会 = exhibition 関 on display「展示中」

An excerpt from her new book will appear in this month's magazine.	彼女の新著の抜粋が今月の雑誌に掲載される予定です。
Celebrities are always looking for increased exposure.	有名人はいつもさらなる露出を求めています。
The news showed footage of the disaster.	ニュースでは災害の映像が流されました。
The newspaper headline read "Victory for Giants!"	そのニュースの見出しには"ジャイアンツ勝利！"とありました。
The latest issue has a piece on cutting food costs.	最新号には食費削減の記事が載っています。
An appearance on TV is great publicity.	テレビへの出演はすばらしい広告です。
Stop writing "important" in every email subject line.	すべてのメールの件名に"重要"と書くのはやめてください。
The trade show will feature a huge range of goods.	展示会ではかなり幅広い商品が紹介されます。

DAY 05 広　告

● 形容詞・副詞

0227 □ □	**accessible** [æksésəbl]	形 アクセス可能な 動 access「接近する」 連 wheelchair-accessible「車椅子で利用できる」
0228 □ □	**interactive** [ìntərǽktiv]	形 双方向の 副 interactively「双方向に」 動 interact「相互に作用する」

The location is easily accessible by subway.	その場所には地下鉄で簡単に行けます。
New technology is being used to make our communication more interactive.	新技術は私たちのコミュニケーションをより双方向型にするために使われています。

DAY 05 政治・経済・法律

political
（政治の）
councilman
（市会議員）
mayor
（市長）
ban
（禁止）
election
（選挙）
managerial
（管理の）
landslide victory
（圧倒的勝利）
vote
（投票する）

政治・経済・法律

● 動詞

No.	単語	意味
0229	**allocate** [ǽləkèit]	動 割り当てる 名 allocation「割り当て」
0230	**attain** [ətéin]	動 達成する 名 attainment「達成」
0231	**boost** [búːst]	動 促進する 類 increase「増加する」 improve「改善する」 enhance「高める」
0232	**collapse** [kəlǽps]	動 崩壊する 名 collapse「崩壊」
0233	**dominate** [dɑ́mənèit]	動 占める 名 domination「独占、支配」
0234	**expand** [ikspǽnd]	動 拡大する 名 expansion「拡大」
0235	**file** [fáil]	動 申請する 「書類を正式に提出する」の意味。file a patent「特許を申請する」、file a lawsuit「訴訟を起こす」 名 file「ファイル」
0236	**fluctuate** [flʌ́ktʃuèit]	動 変動する = vary 名 fluctuation「変動」

They're allocating a budget for emergency purposes.	彼らは緊急用に予算を割り当てています。
Set a goal you can attain by the end of the year.	年末までに達成できる目標を設定してください。
In general, a lower currency will boost exports.	一般的には、通貨安は輸出を促進します。
All opposition to the plan collapsed.	その計画の反対意見はすべてなくなりました。
No single issue appears to dominate this year's election.	今年の選挙を左右する問題は生じていません。
Companies are usually looking for ways to expand.	企業はいつも拡大の方法を模索しています。
He was able to file a patent which made him a lot of money.	彼は大金が手に入る特許を申請することができました。
Bonuses tend to fluctuate year to year.	ボーナスは年々変動する傾向があります。

DAY 05 政治・経済・法律

No.	単語	意味
0237	**impose** [impóuz]	動 課す 名 imposition「課税」 形 imposing「堂々とした、人目を引く」 連 impose a ban「禁止する」
0238	**modify** [mádəfài]	動 変更する = amend 名 modification「修正、変更」
0239	**predict** [pridíkt]	動 予測する 名 prediction「予測」 熟 as predicted「予測通り」
0240	**soar** [sɔ́ːr]	動 高騰する = rise suddenly, skyrocket
0241	**stimulate** [stímjəlèit]	動 刺激する 名 stimulation「刺激」 形 stimulating「刺激的な」
0242	**terminate** [tə́ːrmənèit]	動 終わらせる 名 termination「終了」
0243	**vote** [vóut]	動 投票する 名 vote「投票」 関 voter「有権者」

● 名詞

No.	単語	意味
0244	**aid** [éid]	名 援助 動 aid「支援する」 連 financial aid「財政的支援」

The government will impose a new set of taxes.	政府は新しい税金を課すことになります。
They agreed to modify the outdated restrictions.	彼らは時代遅れの規制を変更することに同意しました。
Future trends are hard to predict.	将来の傾向を予測するのは困難です。
Costs will soar if we don't cut staff.	職員を削減しないと経費が高騰します。
Hosting the international event will stimulate the local economy.	国際イベントの主催は地域経済を活性化させます。
They had no right to terminate the contract.	彼らには、契約を解約する権利がありませんでした。
Many didn't vote today because of the bad weather.	今日は悪天候だったので、多くは投票しませんでした。

A request was submitted for further aid.	さらなる援助のための要求が提出されました。

DAY 06 政治・経済・法律

0245	**attorney** [ətə́ːrni]	名 弁護士 = lawyer「弁護士」 ambulance chaser (救急車のあとを追っかけて訴訟に持ち込もうとするアコギな弁護士を揶揄した表現)
0246	**ban** [bǽn]	名 禁止 動 ban「禁止する」
0247	**bar exam**	名 司法試験 関 bar「法曹会」
0248	**constraint** [kənstréint]	名 制約 動 constrain「制約する」 形 constrained「強いられた」
0249	**contract** [kɑ́ntrækt]	名 契約 連 exclusive contract「独占契約」 類 deal「取引」
0250	**councilman** [káunsəlmən]	名 市会議員 名 council「評議会」
0251	**customs** [kʌ́stəmz]	名 税関 custom「習慣」と区別すること 関 quarantine「検疫」
0252	**deficit** [défəsit]	名 債務 ⇔ surplus「余剰、黒字」 連 accumulated deficit「累積赤字」

Hiring an attorney can be costly.	弁護士を雇うには費用がかかります。
They pushed for a ban of the controversial new drug.	彼らは、物議をかもしている薬の禁止を求めました。
After you pass the bar exam, you can start practicing law.	司法試験に合格したあと、あなたは弁護士として開業できます。
Away from work, they could talk without constraint.	仕事から離れ、彼らは制約なく話ができました。
Did you sign a contract when you started the plan?	あなたは計画をはじめる際に、契約書に署名しましたか。
One councilman opposed the new proposal.	1人の市会議員が新しい提案に反対しました。
I'm afraid it takes a while to go through customs.	税関を通るには、しばらくかかるだろうと思われます。
We're running a deficit for the current fiscal year.	今年度は赤字を計上しています。

DAY 06 政治・経済・法律

No.	見出し語	意味・関連語
0253	**dispute** [dispjúːt]	名 論争 動 dispute「異議を唱える」 熟 in dispute「論争中」
0254	**diversity** [dəvə́ːrsəti]	名 多様性 動 diversify「多角化する」 形 diverse「多様な」
0255	**election** [ilékʃən]	名 選挙 動 elect「(選挙で) 選ぶ」 関 a landslide victory「圧倒的勝利」
0256	**forecast** [fɔ́ːrkæ̀st]	名 予測 動 forecast「予測する」 連 sales forecast「売上予測」 連 weather forecast「天気予報」
0257	**fund** [fʌ́nd]	名 資金 連 raise funds「資金を集める」 fund-raising party「資金集めのパーティ」はTOEICに頻出
0258	**M&A**	名 合併買収 Merger and Acquisitionの略
0259	**mayor** [méiər]	名 市長 形 mayoral「市長の」 関 governor「知事」
0260	**regulation** [règjəléiʃən]	名 規制 動 regulate「規制する」

She had a dispute over company policy.	彼女は会社の方針について異議を唱えました。
A diversity of people can now be seen in popular media.	人々の多様性は、今では人気のメディアでも見られます。
She'll win the election by a landslide.	彼女は選挙に圧勝するでしょう。
The forecast for the next quarter looks bleak.	次の四半期の予測は厳しそうです。
Our company has a special fund for this type of donation.	当社にはこの種の寄付のための特別基金があります。
The brothers started a company offering advice on M&A.	その兄弟はM&Aに関して助言をする会社をはじめました。
She is the mayor of a growing urban city.	彼女は成長している都市の市長です。
The financial sector is governed by rules and regulations.	金融部門は規則と規制によって管理されています。

政治・経済・法律

0261	**statistics** [stətístiks]	名 統計 「統計学」という意味なら不可算名詞で単数扱いだが、「統計値」という意味では複数扱い
0262	**trustee** [trʌ̀stíː]	名 評議員 連 board of trustees「評議員会」

● 形容詞・副詞

0263	**legal** [líːgəl]	形 法律上の ⇔ illegal「不法の」
0264	**liable** [láiəbl]	形 法的責任のある 名 liability「法的責任」
0265	**managerial** [mæ̀nədʒíəriəl]	形 管理の 動 manage「管理する」 名 management「経営管理、経営者」 連 managerial accounting「管理会計」
0266	**municipal** [mjuːnísəpəl]	形 公営の 名 municipality「地方自治体」 連 municipal hall「市民会館」
0267	**political** [pəlítikəl]	形 政治の 名 politics「政治」 名 politician「政治家」
0268	**regulated** [régjəlèitəd]	形 規制される 名 regulation「規制」

These statistics tell us little about the current trends.	これらの統計は、現在の傾向についてほとんど何も示していません。
He'll continue to serve as a trustee, even after retirement.	彼は退職後も、引き続き評議員として勤めるでしょう。

Those companies work closely, but are separate legal entities.	その企業らは密接に仕事をしていますが、別々の法人です。
You are liable for any damages.	あなたにはいかなる損害に対しても法的責任があります。
Claire has been chosen for a managerial position.	Claireは管理職に選出されています。
The plans for a municipal housing project will go ahead.	公営住宅プロジェクトの計画が進められるでしょう。
He freelances as a political commentator.	彼は政治評論家としてフリーランスで仕事をしています。
The activities of banks are regulated by law.	銀行業務は法律で制限されています。

DAY 06 政治・経済・法律

No.	見出し語	意味
0269 □□	**restricted** [ristríktid]	形 制限された 名 restriction「制限」
0270 □□	**stable** [stéibl]	形 安定している 名 stability「安定」
0271 □□	**steadily** [stédili | stédəli]	副 着実に 形 steady「着実な」
0272 □□	**sustainable** [səstéinəbl]	形 持続可能な 動 sustain「維持する」 名 sustainability「持続可能性」

● イディオム・その他

No.	見出し語	意味
0273 □□	**in compliance with**	～を遵守して ＝ in accordance with 名 compliance「法令順守」

Admission is restricted to members only.	入場は会員のみに制限されております。
Markets are flourishing and prices are stable.	市場は活気付いており、物価も安定しています。
Demand has been steadily increasing.	需要は着実に増加しています。
Experts question if this growth is sustainable.	専門家は、この成長が持続可能かどうか疑問視しています。

The CEO said he was in compliance with the law.	CEOは法律を遵守していたと述べました。

お　金

withdraw
（引き出す）
ATM
ATM
remit
（送金する）
savings account
（普通預金）
income
（収入）
BANK
pass book
（通帳）

invoice
(請求書)
auditor
(監査人)
accountant
(会計士・経理担当者)
insurance
(保険))
verify
(確かめる)
teller
(窓口係)
reimbursement
(払い戻し)

DAY 06 お金

● 動詞

No.	単語	意味
0274 □□	**accumulate** [əkjú:mjəlèit]	動 貯める 関 accumulated deficit「累積赤字」 形 accumulative「蓄積の」 名 accumulation「蓄積」
0275 □□	**incur** [inkə́:r]	動 (費用を) 負担する 費用に関するビジネス文書で頻出単語
0276 □□	**remit** [rimít]	動 送金する 名 remittance「送金」
0277 □□	**verify** [vérəfài]	動 確かめる 名 verification「検証」
0278 □□	**withdraw** [wiðdrɔ́:]	動 引き出す 名 withdrawal「(預金の) 引き出し、撤回、撤退」

● 名詞

No.	単語	意味
0279 □□	**accountant** [əkáuntənt]	名 会計士、経理担当者 関 CPA (Certified Public Accountant)「公認会計士」
0280 □□	**auditor** [ɔ́:ditər]	名 監査人 動 audit「監査する」
0281 □□	**bill** [bíl]	名 請求(書) = invoice

It may be difficult to accumulate wealth right after graduation.	卒業直後、すぐに財を築くことは難しいかもしれません。
You'll incur additional fees if you fail to meet the deadline.	もしも締め切りを守れなければ追加料金を負担することになるでしょう。
Please remit the money at your earliest convenience.	できるだけ早めに私に送金してください。
Login to your account to verify your contact information.	連絡先を確認するためにご自身のアカウントにログインしてください。
She's withdrawing money from an ATM.	彼女はATMからお金を引き出しているところです。

The accountant is recording business transactions on behalf of an organization.	その経理担当者は、組織を代表して事業取引を記録しています。
The auditor questioned certain aspects of the contract.	その監査人は契約のある面について質問しました。
Have you paid this month's electricity and water bill?	今月の電気代と水道代を支払いましたか。

お金

0282	**budget** [bʌ́dʒət]	名 予算 連 budget hotel「割安ホテル」 連 within the budget「予算内で」 連 over the budget「予算オーバー」
0283	**deposit** [dipɑ́zət]	名 手付金 動 deposit「預ける」
0284	**equivalent** [ikwívələnt]	名 同等物 熟 be equivalent to「～と等しい」
0285	**expenditure** [ikspénditʃər]	名 支出 ⇔ revenue「収入」
0286	**expense** [ikspéns]	名 費用 連 expense report「経費報告書」
0287	**figure** [fígjər]	名 金額 「図表、人物、姿」の意味も重要
0288	**financial statements**	名 財務諸表 関 balance sheet「貸借対照表」 関 income statement「損益計算書」
0289	**income** [ínkʌm]	名 収入 「利益」の意味もある 連 net income「純利益」 類 profit「利益」

The film was made on a limited budget.	その映画は限られた予算で作成されました。
We put down a 10% deposit on the condominium yesterday.	私たちは昨日マンションの手付金10%を支払いました。
You may want to offer a cash equivalent.	あなたは現金同等物を提案したほうがいいかもしれません。
This computer was my largest expenditure.	このコンピュータは最大の支出でした。
He traveled at his company's expense.	彼は社費で出張しました。
The sales figures show the auto company delivered 63,000 vehicles globally.	売上高は、その自動車会社が世界で63,000台を販売したことを示しています。
The managers are responsible for preparing the company's financial statements.	部長たちは、会社の財務諸表の準備に責任があります。
You have to manage your spending according to your income.	収入に応じて支出を管理しなければなりません。

DAY 06 お金

0290	**insurance** [inʃúərəns]	名 保険 連 insurance policy「保険証券」
0291	**interest** [íntərəst]	名 利率 「利子、興味、関心」さまざまな意味がある
0292	**invoice** [ínvɔis]	名 請求書 ＝ bill
0293	**profit** [prɑ́fət]	名 利益 関 net profit「純利益」 関 in the black「黒字」
0294	**quarter** [kwɔ́ːrtər]	名 四半期 「4分の1、25セント」の意味も重要
0295	**refund** [ríːfʌ̀nd]	名 返金 動 refund「返金する」 類 reimbursement「払い戻し」
0296	**reimbursement** [rìːimbə́ːrsmənt]	名 払い戻し 動 reimburse「払い戻す」 類 refund「返金」
0297	**revenue** [révənùː]	名 収入 ⇔ expenditure「支出」

Take out accident insurance before your trip to America.	米国旅行の前に傷害保険に加入してください。
The interest rate on my credit card is about 18%.	私のクレジットカードの金利は約18%です。
I'd appreciate it if you could send me the invoice ASAP.	私にできるだけ早く請求書をお送りいただければ幸いです。
These days, there isn't much profit in operating a restaurant.	最近、レストラン経営では大した利益が出ません。
That video game maker lost a lot of money this quarter.	そのビデオゲームメーカーは、この四半期に多額の損失を計上しました。
I'd like to get a refund, please.	返金をしていただきたいです。
Ralph is demanding reimbursement for medical expenses.	Ralphは医療費の払い戻しを請求しています。
Advertising revenue fell substantially last year.	広告収入は昨年大幅に減少しました。

DAY 07 お金

0298	**savings account**	名 普通預金 関 checking account「当座預金」 関 passbook「通帳」
0299	**shareholder** [ʃérhòuldər]	名 株主 ＝ stockholder 関 stakeholder「利害関係者」
0300	**teller** [télər]	名 窓口係 関 ATM（Automatic Teller Machine）「現金自動預払機」

● 形容詞・副詞

0301	**fake** [féik]	形 偽の 連 fake news「偽りのニュース」
0302	**outstanding** [àutstǽndiŋ]	形 未払いの 「優れている」という意味も重要

● イディオム・その他

0303	**in one lump sum**	一括で ⇔ in installments「分割で」
0304	**make ends meet**	収支を合わせる

You should put your money in a savings account where it will earn interest.	利子を貰える普通預金口座に貯金すべきです。
I think that CEO salaries should be subject to shareholder control.	CEOの給与は株主の裁量に委ねられるべきであると思います。
The teller counted out the new dollar bills.	その窓口係は新しいドル紙幣を数えました。

Vending machines used to have trouble with fake coins.	自販機はかつて偽コインの問題がありました。
It seems you still have an outstanding balance with us.	あなたは当社に未払い残高があるようです。

I decided to pay in one lump sum.	私は一括で支払うことを決めました。
He needs to work two jobs just to make ends meet.	生活をやりくりするために、彼は2つの仕事をする必要があります。

DAY 07 住宅・不動産

ceiling
（天井）
furnished
（備え付けられた）
sink
（流し台）
replace
（交換する）
resident
（住民）
downstairs
（下の階の）
illuminate
（照らす）
stairs
（階段）
custodian
（管理人）
corridor
（廊下）
green thumb
（園芸の才）

under construction
(建設中の)
facility
(施設)
adjacent to
(隣接した)
relocate
(移転する)
mover
(引っ越し業者)
garage
(車庫)
ground
(地上)
neighborhood
(近所)
dimension
(寸法)
plumber
(配管工)
leak
(漏れ)
fix
(修理する)

DAY 7

DAY 07 住宅・不動産

● 動 詞

No.	単語	意味
0305 □□	**detect** [ditékt]	動 探知する 名 detection「探知」、detector「探知機」 関 detective「刑事」
0306 □□	**fix** [fíks]	動 修理する = repair 連 fix sandwiches「サンドウィッチをつくる」 関 a fixed game「八百長」
0307 □□	**illuminate** [ilú:mənèit]	動 照らす 名 illumination「照射」 形 illuminated「照らされた」
0308 □□	**prop** [práp]	動 支える、つっかえ棒をする 関 keep a door propped open「ドアにつっかえ棒をして開けておく」
0309 □□	**relocate** [ri:lóukèit]	動 移転する 名 relocation「移転」
0310 □□	**repair** [ripéər]	動 修理する = fix 連 repair and maintenance「修理と維持」
0311 □□	**replace** [ripléis]	動 交換する 名 replacement「交換」

● 名 詞

No.	単語	意味
0312 □□	**ceiling** [sí:liŋ]	名 天井 「天井値」の意味もある 連 glass ceiling「女性やマイノリティの昇進を阻む目に見えない壁」

This home security device can detect any movement around your house.	このホームセキュリティ機器は、家の周囲のいかなる動きも探知することができます。
See if you can fix it yourself before calling someone.	誰かに電話する前に自分自身で修理できるか確かめてください。
These outdoor lights illuminate your garden nicely.	これらの屋外照明は、あなたの庭をすてきに照らします。
The broom is propped up against the wall.	ホウキは壁に立てかけられています。
To be more competitive, we felt compelled to relocate.	競争力を高めるためには、移転せざるをえないと感じました。
He created a material to repair the hole in the wall.	彼は壁の穴を修理するための資材を作りました。
Hybrid cars may eventually replace cars that run on gasoline.	ハイブリッド車は、いずれガソリン車に取って代わるかもしれません。

Our new office space was designed with high ceilings.	当社の新しいオフィスは天井が高く設計されていました。

住宅・不動産

No.	単語	意味
0313	**corridor** [kɔ́ːrədər | kɔ́rədər]	名 廊下 = hallway
0314	**custodian** [kʌstóudiən]	名 管理人 関 landlord「大家、家主」
0315	**dimension** [diménʃən]	名 寸法 = measurement 連 3D（three dimensionsの略）「三次元」
0316	**facility** [fəsíləti]	名 施設 類 institution, establishment
0317	**garage** [gərάːdʒ]	名 車庫 日本語では「ガレージ」と言うが英語では「ガラージ」と発音 連 a double garage「2台用の車庫」
0318	**green thumb**	名 園芸の才 主に米国で用いられる。英国ではgreen fingers「園芸の才」が使われる
0319	**ground** [gráund]	名 地上 米国では1階はfirst floor, 英国文化圏ではground floor
0320	**landscape** [lǽnskèip | lándskeip]	名 風景 連 landscape garden「庭園」 連 rural landscape「田園風景」 関 landscaping company「造園業者」

The room opens onto a corridor.	部屋は廊下に面しています。
I left a message for the custodian to replace doors.	管理人にドアを交換するよう伝言を残しました。
What are the dimensions of your current office space?	現在の貴社の事務所のサイズはどのくらいですか。
The new gymnasium will be a great facility for the community.	新しい体育館は、その地域にとってすばらしい施設になるでしょう。
The garage is full of boxes of miscellaneous items.	車庫は、種々雑多な物の箱でいっぱいになっています。
You didn't tell me you had a green thumb.	あなたは、園芸の才があるとは言いませんでした。
Take the elevator to the ground floor and there you'll find the cafe.	エレベーターで1階に行けば、そのカフェが目に入るはずですよ。
I was struck by the country's awesome landscape.	その国のすばらしい風景に心を打たれました。

DAY 07 住宅・不動産

No.	単語	意味
0321	**leak** [líːk]	名 漏れ 水、ガス、油、放射能などの漏れ、情報の漏えい
0322	**mover** [múːvər]	名 引っ越し業者 動 move「引っ越す」
0323	**neighborhood** [néibərhùd]	名 近所 関 neighbor「隣人」
0324	**plumber** [plʌ́mər]	名 配管工 関 plumbing「配管」
0325	**property** [prɑ́pərti]	名 敷地 「所有物、物件、財産、不動産、土地」の意味も重要 連 intellectual property「知的財産」
0326	**real estate**	名 不動産 = property
0327	**resident** [rézidənt]	名 住民 形 residential「住宅の」 関 residence「住宅」
0328	**sink** [síŋk]	名 流し台 動 sink「沈む」 関 sink or swim「のるかそるか」

You should let the landlord know about the leak in the kitchen.	大家さんに、台所の水漏れについて知らせるべきです。
The mover will arrive between 3pm and 4pm.	引っ越し業者は午後３時から午後４時の間に到着予定です。
As you can see, there are lots of young families in the neighborhood.	ご覧の通り、近所には若い家族が多く住んでいます。
I recommend calling a plumber at the first hint of a leak.	水漏れの兆候を見つけたら、配管工に電話することをおすすめします。
The property borders a golf course.	その敷地はゴルフコースに隣接しています。
He used to work for a real estate company.	彼は以前、不動産会社で働いていました。
The residents of the town vetoed the shopping mall proposal.	町の住民は、ショッピングモールの建設案に反対しました。
The sink in the bathroom needs to be cleaned.	トイレの流し台を掃除する必要があります。

No.	見出し語	意味
0329	**stairs** [stéərz]	名 階段 = steps, staircases
0330	**utility** [juːtíləti]	名 光熱費 水道、電気、ガスなどにかかる費用。「効用」という意味もある

● 形容詞・副詞

No.	見出し語	意味
0331	**adjacent to**	形 隣接した = next to
0332	**downstairs** [dáunstéərz]	形 下の階の ⇔ upstairs「上の階の」
0333	**furnished** [fə́ːrniʃt]	形 備え付けられた 連 furnished apartment「家具付のアパート」類 equipped
0334	**vacant** [véikənt]	形 空いている = empty ⇔ occupied「使用中の」

● イディオム・その他

No.	見出し語	意味
0335	**be equipped with**	～が備え付けられている 名 equipment「備品」
0336	**under construction**	建設中の 関 construction「建設」 関 constructor「建設会社」

There's a cupboard under the stairs.	階段の下に食器棚があります。
The rent is cheap, but the utilities are expensive.	賃料は安いですが、光熱費は高いです。

They lived in a house adjacent to the highway.	彼らは高速道路に隣接した家に住んでいました。
My old trophies are downstairs in the basement.	私の古いトロフィーは、地下室にあります。
The room was furnished with tables and chairs.	その部屋には、備え付けのテーブルと椅子がありました。
The seat next to him was vacant.	彼の隣の席は、空いていました。

Their kitchen is equipped with all types of modern appliances.	彼らの台所には、様々な最新の家電が備え付けられています。
A new condominium is under construction.	新しいマンションは、工事中です。

DAY 07 日常生活

fridge
(冷蔵庫)
furniture
(家具)
attire
(服装)
light fixture
(照明器具)
soak
(浸す)
HAPPY BIRTHDAY
reach for
(手を伸ばす)
anniversary
(記念日)
sew
(縫う)

lean against
（立てかけられている）
patio
（テラス）
commute
（通勤（通学））
sweep
（掃く）
cell phone
（携帯電話）
pedestrian
（歩行者）
broom
（ホウキ）

DAY 07 日常生活

● 動詞

No.	単語	意味
0337	**behave** [bihéiv]	動 振る舞う 熟 behave oneself「行儀よく振る舞う」 名 behavior「行動、振る舞い」
0338	**browse** [bráuz]	動 見て回る 拾い読みすること 名 browse「拾い読み」 名 browser「ブラウザー」
0339	**cater** [kéitər]	動 ケータリングする パーティなどに料理を仕出しすること 名 catering「ケータリング」
0340	**owe** [óu]	動 借りがある 「～のおかげである」の意味も重要　I owe you one.「恩に着ます」
0341	**reach** [ríːtʃ]	動 達する 熟 reach for「～に手を伸ばす」
0342	**sew** [sóu]	動 縫う 熟 sew up「縫い合わせる」
0343	**ship** [ʃíp]	動 発送する 名 shipment「出荷」
0344	**soak** [sóuk]	動 浸す 名 soak「浸すこと」

Your students behave so well around visitors.	貴校の学生の訪問者への振る舞いは、とてもすばらしいですね。
He's browsing in a bookstore.	彼は本屋で見て回っているところです。
The restaurant caters to companies in the business district.	そのレストランは、ビジネス街の企業にケータリングしています。
I owe you one for helping me with the meeting.	私は、あなたに会議で助けていただいた際の借りがあります。
A man is reaching for the overhead bin.	男性が頭上の荷物入れに手を伸ばしています。
I'll teach my children to sew once they're old enough.	子どもたちが大きくなったら、裁縫を教えるつもりです。
The order needed to ship last week.	その注文は、先週発送する必要がありました。
Soak the towel before you wash it.	タオルを洗う前に、浸してください。

DAY 08 日常生活

No.	単語	意味
0345	**stack** [stǽk]	動 積み重ねる = pile up
0346	**supplement** [sʌ́pləmènt]	動 補填する 「サプリメント」の意味もある
0347	**sweep** [swíːp]	動 掃く 名 sweep「掃除」

● 名詞

No.	単語	意味
0348	**access** [ǽkses]	名 アクセス 前置詞toを伴う 形 accessible「到達できる、利用できる」
0349	**aisle** [áil]	名 通路 連 aisle side「通路側」
0350	**amazement** [əméizmənt]	名 驚き 動 amaze「驚かせる」 形 amazing「驚くべき」 副 amazingly「驚くほど」
0351	**anniversary** [æ̀nivə́ːrsəri]	名 記念日 = a memorial day
0352	**attire** [ətáiər]	名 服装 関 dress code「服装規定」

Michelle had become tired from stacking boxes all day.	Michelleは、1日中箱の積み上げ作業をしたので疲れていました。
He supplements his salary with translation work.	彼は、翻訳業で給料不足を補っています。
Please put your chairs on the desk as they'll be sweeping the floors tonight.	今夜、彼らが床を掃くので、椅子を机上に置いてください。

The Internet gives people access to so much information.	人々は、インターネットから膨大な情報を得ています。
Shoppers are pushing carts down the aisle.	買物客は、通路でカートを押しています。
Tom looked at the juggler in amazement.	Tomは驚いた様子で手品師を見ました。
Our company will celebrate its 25th anniversary next month.	弊社は来月、設立25周年を祝う予定です。
Jeans are not proper attire for a wedding.	ジーンズは結婚式にふさわしい服装ではありません。

DAY 08 日常生活

No.	単語	意味
0353	**broom** [brúːm]	名 ホウキ 関 sweep「ホウキで掃く」
0354	**cell phone**	名 携帯電話 = mobile phone, cell
0355	**commute** [kəmjúːt]	名 通勤（通学） 動 commute「通勤（通学）する」 名 commuter「通勤者」 関 commuter pass「通勤定期券」
0356	**engagement** [engéidʒmənt]	名 婚約 関 engage in「〜に関与する」
0357	**fridge** [frídʒ]	名 冷蔵庫 refrigeratorの省略形
0358	**furniture** [fə́ːrnitʃər]	名 家具 不可算名詞 形 furnished「家具付の」
0359	**light fixture**	名 照明器具 関 lighthouse「灯台」
0360	**patio** [pǽtiòu]	名 テラス 類 courtyard「中庭」

The man's using a broom on the stairs.	男性は階段でホウキを使っているところです。
Please turn your cell phones off at the start of the performance.	演奏の前には携帯電話の電源をお切りください。
How long is your daily commute?	毎日の通勤にどれくらいかかりますか。
They celebrated their engagement at a nice restaurant.	彼らはすてきなレストランで婚約のお祝いをしました。
The rest of the milk is in the fridge.	残りの牛乳は、冷蔵庫にあります。
The furniture they sell is all handmade.	彼らが販売している家具はすべて手作りです。
A fancy light fixture hung above the table.	テーブルの上に、おしゃれな照明器具がつり下げられています。
Let's have lunch on the patio.	テラスで昼食を食べましょう。

DAY 08 日常生活

0361	**pedestrian** [pədéstriən]	名 歩行者 関 crosswalk「横断歩道」 連 pedestrian bridge 関 footbridge「歩道橋」
0362	**pregnancy** [prégnənsi]	名 妊娠 形 pregnant「妊娠した」 関 a pregnant woman, an expectant mother「妊婦」
0363	**railing** [réiliŋ]	名 手すり 「ガードレール」の意味もある

● 形容詞・副詞

0364	**absolutely** [ǽbsəlù:tli]	副 絶対に 形 absolute「まったく」「その通り」という意味も頻出
0365	**exhausted** [igzɔ́:stid]	形 疲れた = tired 名 exhaustion「極度の疲労」
0366	**inclement** [inklémənt]	形 荒れた 連 inclement weather「悪天候」
0367	**otherwise** [ʌ́ðərwàiz]	副 さもないと 「それ以外は」の意味もある
0368	**rapidly** [rǽpidli]	副 急速に 形 rapid「急ぎの」

The sidewalk is full of pedestrians.	歩道は、歩行者でいっぱいです。
This box includes products for women such as pregnancy tests.	この箱には、妊娠検査薬のような女性のための商品が入っています。
Don't lean against the old railing.	古い手すりに寄りかからないでください。

I absolutely want to win that employee prize.	私は、何としてもその従業員賞を受賞したいです。
They looked exhausted after the long car ride.	彼らは、車での長旅でかなり疲れているように見えました。
The flight was delayed due to inclement weather.	悪天候が原因で、飛行機が遅れました。
Wear a heavy coat, otherwise you'll catch a cold.	厚手のコートを着てくださいね、さもないと風邪をひきますよ。
He walked rapidly through the crowded sidewalk.	彼は混んでいる歩道を急いで通り過ぎました。

DAY 08 日常生活

0369	**related** [riléitid]	形 関連のある 動 relate「関係がある」名 relation, relationship「関係」名 relative(s)「親類、親戚（親兄弟含めて）」

● イディオム・その他

0370	**apart from**	〜以外に ＝ except for
0371	**as a token of**	〜の印に 名 token「しるし、記念品、象徴」
0372	**in line**	列に並んで 関 in a row「一列に」
0373	**lean against**	立てかけられている ＝ propped up against 関 lean over「身を乗り出す」
0374	**mind ~ing**	〜をしても構いませんか。 mindのあとは、動名詞〜ingが続く
0375	**What do you say to**	〜してはどうですか。 toのあとは、動名詞〜ingが続く

They look like they could be related.	彼らは親戚のように見えます。

Apart from walking to work, she gets no exercise.	歩いて通勤する以外、彼女はまったく運動していません。
Please take this gift as a token of our appreciation.	我々の感謝のしるしとして、こちらの贈り物をお受け取りください。
Many people are waiting in line to buy concert tickets.	多くの人々が、コンサートチケットを購入するために列に並んでいます。
The ladder is leaning against the wall.	そのハシゴは壁に立てかけられています。
Would you mind turning down the volume?	音量を下げても構いませんか。
What do you say to going to the movies tonight?	今夜映画に行きませんか。

就職活動

job interview
（採用面接）
fill in
（記入する）
résumé
（履歴書）
evaluate
（評価する）
applicant
（応募者）
personnel
（職員）
apprentice
（見習い）
require
（要求する）
submit
（提出する）

job opening
（職位の空き）
candidate
（候補者）
promote
（昇進させる）
recommend
（推薦する）
senior
（先輩の）
outgoing
（社交的な）
human resources
（人財）
talented
（才能のある）
promising
（前途有望な）
dismiss
（解雇する）

DAY 8

DAY 08 就職活動

● 動詞

No.	単語	意味
0376	**complete** [kəmplíːt]	動 完成させる 名 completion「完成」形 complete「完全な」副 completely「完全に」
0377	**deserve** [dizə́ːrv]	動 ～に値する 熟 deserve to「～するのにふさわしい」
0378	**dismiss** [dismís]	動 解雇する = fire, terminate 名 dismissal「解雇」
0379	**evaluate** [ivǽljuèit]	動 評価する 名 evaluation「評価」
0380	**fill in**	動 記入する = fill out, complete
0381	**promote** [prəmóut]	動 昇進させる ⇔ demote「降格させる」 名 promotion「昇進」
0382	**recommend** [rèkəménd]	動 推薦する 名 recommendation「推薦」
0383	**require** [rikwáiər]	動 要求する 名 requirement「要求」

Please complete the application form in black ink.	黒字で申込書を記入してください。
You deserve the promotion.	あなたは昇進に値します。
Management has decided to dismiss him.	経営陣は彼の解雇を決定しました。
We will evaluate your application and get back to you.	あなたの申請内容を審査したあと、改めてお知らせします。
When you fill in the form, please write legibly.	フォームに記入する際は、はっきりと記載してください。
We need to promote at least one person from each branch.	我が社は各支店から少なくとも1名を、昇進させる必要があります。
Can you recommend someone for the new position?	新しいポジションに誰か推薦できますか。
What specific responsibilities are required of this position?	このポジションに求められる特定の責務は何ですか。

DAY 08 就職活動

	単語	意味
0384	**submit** [səbmít]	動 提出する = hand in 名 submission「提出」

● 名 詞

	単語	意味
0385	**applicant** [ǽplikənt]	名 応募者 動 apply for「応募する」 類 candidate「候補者」 関 application form「申込用紙」
0386	**apprentice** [əpréntis]	名 見習い 類 intern「インターン」
0387	**biography** [baiágrəfi]	名 経歴 「伝記、履歴」の意味もある 類 autobiography「自叙伝」
0388	**candidate** [kǽndidèit]	名 候補者 類 applicant「応募者」
0389	**certificate** [sərtífikət]	名 証明書 動 certify「証明する」 形 certified「証明された」
0390	**credential** [krədénʃəl]	名 資格証明書 形 credential「信用証明となる、資格認定の」
0391	**CV**	名 履歴書 = resúmé curriculum vitaeの省略形

Please submit the document directly to me.	私に直接書類を提出してください。
The successful applicant must have good verbal skills.	合格者は十分な言語能力を有しているべきです。
My son is working as an apprentice at a car repair shop.	私の息子は車修理店で見習いとして働いています。
This new biography shows her in a favorable light.	この新しい経歴は、彼女を好印象に見せています。
There was no successful candidate for the position.	そのポジションに採用された候補者は、誰もいませんでした。
We need to see a certificate to confirm you completed the course.	我々は、あなたがそのコースを修了したことを証明書で確認する必要があります。
Thank you for taking the time to review my credentials.	私の資格証明書を審査するお時間をお取りいただき、ありがとうございます。
Applicants should submit a recent photo along with their CV.	応募者は、履歴書と共に最近の写真を提出すべきです。

就職活動

No.	見出し語	意味
0392	**endeavor** [endévər]	名 努力 動 endeavor「〜しようと努力する」
0393	**human resources**	名 人財 略 HR = personnel
0394	**job description**	名 職務記述書 動 describe「記述する」
0395	**job interview**	名 採用面接 = employment interview
0396	**job opening**	名 職位の空き = job opportunity, open position
0397	**letter of reference**	名 推薦状 = a letter of recommendation
0398	**Master's Degree**	名 修士号 関 Ph.D「博士」
0399	**personnel** [pə̀ːrsənél]	名 職員 複数扱い 関 personnel department「人事部」

We wish you the best of luck in your future endeavors.	今後のご活躍をお祈りしております。
Human resources is preparing the candidate information as we speak.	現在、人財部は候補者情報を準備しています。
I'm afraid that's outside my job description.	恐れ入りますが、あれは私の職務外だと思います。
I've got a job interview this afternoon.	今日の午後、採用面接を受けました。
I'm writing to you about the job opening in your department.	私は、あなたの部署の求人についてお便りしています。
You'll need a letter of reference from your previous employer.	あなたは、以前の雇用者からの推薦状が必要です。
She's getting her Master's Degree in social work.	彼女は社会福祉分野の修士課程を履修しているところです。
Only authorized personnel have access to the room.	関係者のみ入室できます。

DAY 09 就職活動

0400	**qualification** [kwɑ̀ləfikéiʃən]	名 資格 動 qualify「資格を与える」 形 qualified「資格のある」
0401	**résumé** [rézəmèi]	名 履歴書 = CV curriculum vitae の略

● 形容詞・副詞

0402	**certified** [sə́ːrtifàid]	形 資格のある 名 certification「資格」 関 CPA (Certified Public Accountant)「公認会計士」
0403	**challenging** [tʃǽlindʒiŋ]	形 やり甲斐のある 困難ではあるがやり甲斐のあること
0404	**competitive** [kəmpétətiv]	形 競争力のある 動 compete「競争する」 名 competition「競争」
0405	**full-time** [fúltáim]	形 常勤の ⇔ part-time「非常勤の」
0406	**ideal** [aidíːəl]	形 理想的な 副 ideally「理想的に」
0407	**independently** [ìndipéndəntli]	副 独立して 形 independent「独立した」

The qualification should increase my earning capacity.	その資格で私の給料は上がるはずです。
You need to review your résumé before submitting it.	提出前に履歴書を見直す必要があります。

In order to be hired, you need to be a certified public accountant.	雇用されるには、あなたは公認会計士である必要があります。
Terry found a challenging job in the IT sector.	Terryは、IT産業でやりがいのある仕事を見つけました。
We can offer you a competitive salary.	当社は他社に劣らない給料を提示できます。
Jennifer works full-time and has two kids.	Jenniferは常勤で働いていて、2人の子どもがいます。
The ideal candidate should have a high level of English ability.	理想的な候補者は、高い英語能力を備えていてしかるべきです。
Do you prefer working with others or independently?	あなたは、誰かとともに働くことと、独立して働くこと、どちらが好きですか。

DAY 09 就職活動

0408	**outgoing** [áutgòuiŋ]	形 社交的な 類 amicable「友好的な」
0409	**part-time** [párttàim]	形 非常勤の ⇔ full-time「常勤の」
0410	**promising** [prámәsiŋ]	形 前途有望な 連 promising youth「前途有望な若者」
0411	**qualified** [kwáləfàid]	形 資格のある、権利がある ⇔ unqualified「資格のない」 関 overqualified「資格以上の」 関 underqualified「資格未満の」
0412	**senior** [síːnjər]	形 先輩の ⇔ junior「後輩の」
0413	**take-home**	形 手取りの 税を含めてすべての控除をしたあとの手取り額
0414	**talented** [tǽləntid]	形 才能のある 名 talent「才能」
0415	**temporary** [témpərèri]	形 一時的な 名 temp「非常勤の職員」 副 temporarily「一時的に」

You seem to be very outgoing.	あなたはとても社交的なようですね。
Unfortunately, part-time workers aren't entitled to benefits.	残念なことに、非正規雇用者は給付金を受け取る権利がありません。
He's a very promising youth in this field.	彼はこの分野でとても将来有望な若手です。
You're not qualified to make that decision.	あなたには、その決定を下す権利はありません。
He used to be Senior Manager of ABC Company.	彼は以前、ABC社のシニアマネージャーでした。
My wife's take-home pay is higher than mine.	私の妻の手取りは、私よりも高いです。
It can't be helped that talented employees move on.	才能のある従業員が転職することは避けられないことです。
At this time of year, we always need to hire temporary staff.	1年のこの時期、当社はいつも臨時スタッフを雇う必要があります。

DAY 09 健　康

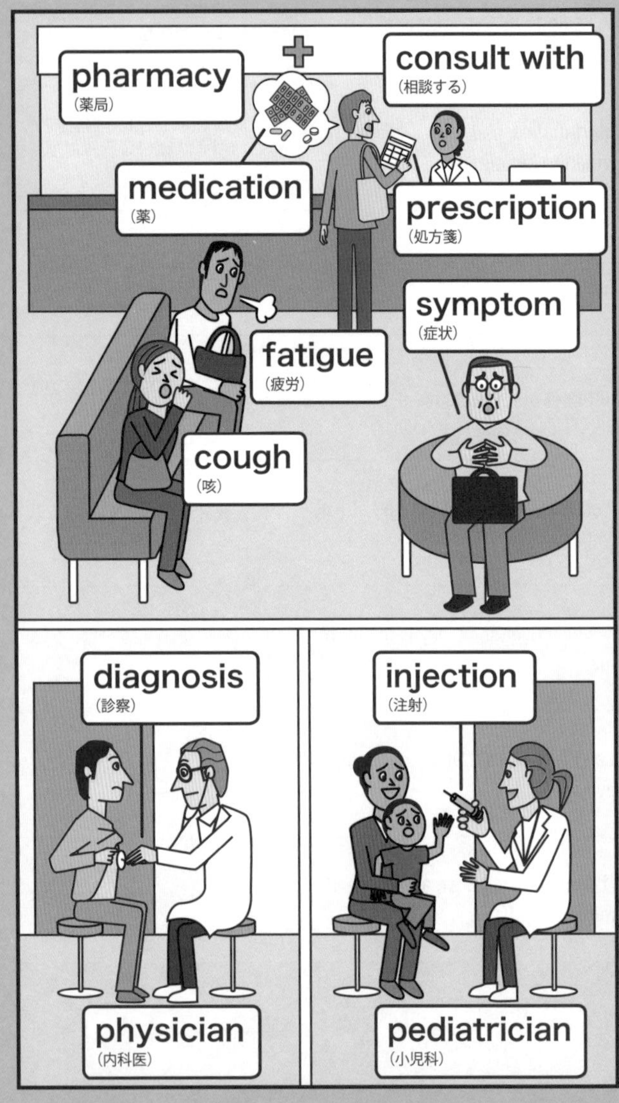
pharmacy
（薬局）
consult with
（相談する）
medication
（薬）
prescription
（処方箋）
symptom
（症状）
fatigue
（疲労）
cough
（咳）
diagnosis
（診察）
injection
（注射）
physician
（内科医）
pediatrician
（小児科）

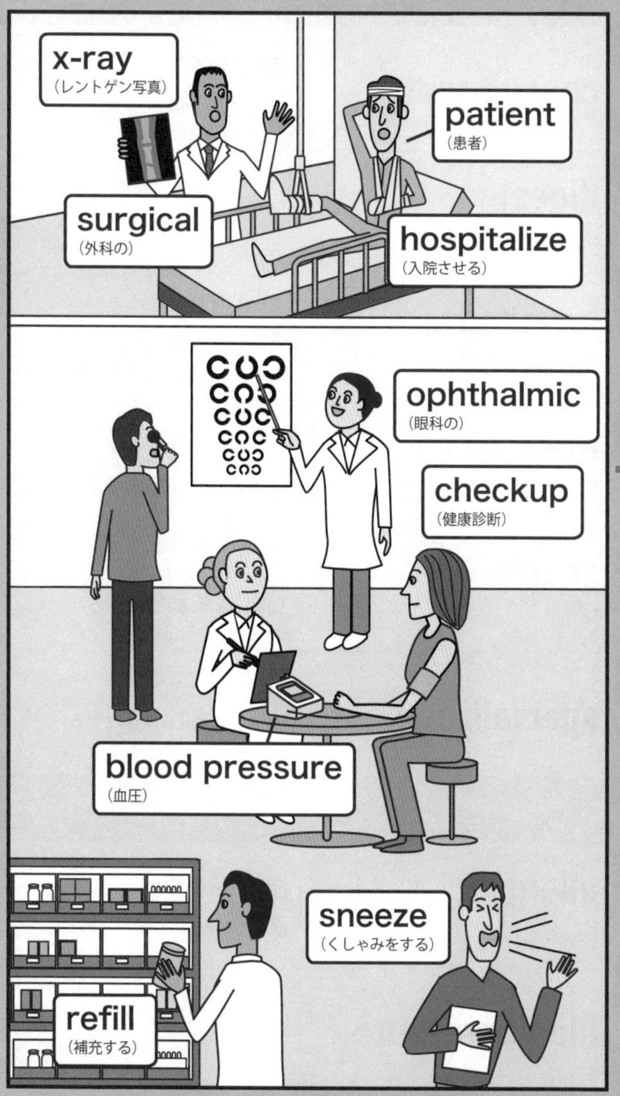
x-ray
（レントゲン写真）
patient
（患者）
surgical
（外科の）
hospitalize
（入院させる）
ophthalmic
（眼科の）
checkup
（健康診断）
blood pressure
（血圧）
sneeze
（くしゃみをする）
refill
（補充する）

DAY 09 健康

● 動詞

No.	単語	意味
0416	**consult with**	動 相談する 名 consultation「相談」
0417	**digest** [daidʒést]	動 消化する 「要約する」という意味もある 名 digestion「消化」
0418	**hospitalize** [hάspitəlàiz]	動 入院させる 名 hospital「病院」 名 hospitalization「入院期間」
0419	**refill** [rifíl]	動 補充する 名 refill「補充、詰め替え」
0420	**sneeze** [sníːz]	動 くしゃみをする くしゃみをした相手に "Bless you!"「お大事に」と言う 名 sneeze「くしゃみ」
0421	**specialize in**	動 専門とする 類 major in「～を専攻する」 形 specialized「専門の」

● 名詞

No.	単語	意味
0422	**allergy** [ǽlərdʒi]	名 アレルギー 形 allergic「アレルギーの」
0423	**blood pressure**	名 血圧 連 blood pressure gauge「血圧計」

I'll consult with my doctor about this pain.	この痛みについて医者に相談してみます。
You need time to digest the meal before exercising.	運動の前に、食べた物を消化する時間を取る必要があります。
John was hospitalized due to stomach trouble.	Johnは胃の病気で入院しました。
Refill your medicine now while you have the chance.	丁度いいタイミングなので、今、薬を補充してください。
Mike has been sneezing all morning.	Mikeは午前中ずっとくしゃみをしています。
Wendy specializes in mental breakdowns.	Wendyは精神疾患を専門としています。

Notify the school of any food allergies you may have.	あなたにあると思われる食物アレルギーを学校に知らせてください。
Regular exercise will lower your blood pressure.	定期的な運動は血圧を下げます。

DAY 09 健康

0424	**checkup** [tʃékʌ̀p]	名 健康診断 "a medical (physical) checkup" のこと
0425	**cough** [kɔ́ːf | kɔ́f]	名 咳 動 cough「咳をする」 関 hiccup「しゃっくり」
0426	**diagnosis** [dàiəgnóusis]	名 診察 diagnoses「診断」の複数形
0427	**fatigue** [fətíːg]	名 疲労 連 mental fatigue「心労」
0428	**flu** [flúː]	名 インフルエンザ = influenza the flu で使われることが多い
0429	**injection** [indʒékʃən]	名 注射 動 inject「注射する」
0430	**lifespan** [láifspǽn]	名 寿命 = life expectancy, longevity
0431	**MD (Doctor of Medicine)**	名 医学博士 関 Ph.D「博士号」

No coffee for me. I have my checkup this morning.	コーヒーはいりません。私は、今朝健康診断があるんです。
If the cough persists, contact your doctor.	もし咳が続くようなら、医者に連絡をしてください。
What was the doctor's diagnosis of your sickness?	あなたの病気に対しての医師の診断はいかがでしたか。
A lot of people drink coffee to fight fatigue.	多くの人々は疲労回復のためにコーヒーを飲みます。
A seasonal flu shot can protect you.	季節性インフルエンザの予防接種は、あなたがインフルエンザにかかるのを防ぎます。
My arm was a little sore after the injection.	注射のあと、腕が少し痛かったです。
Men have a shorter lifespan than women.	男性は女性よりも寿命が短いです。
My wife will look online for an MD in the area.	妻は、オンラインでその地域の医師を探しています。

DAY 09 健康

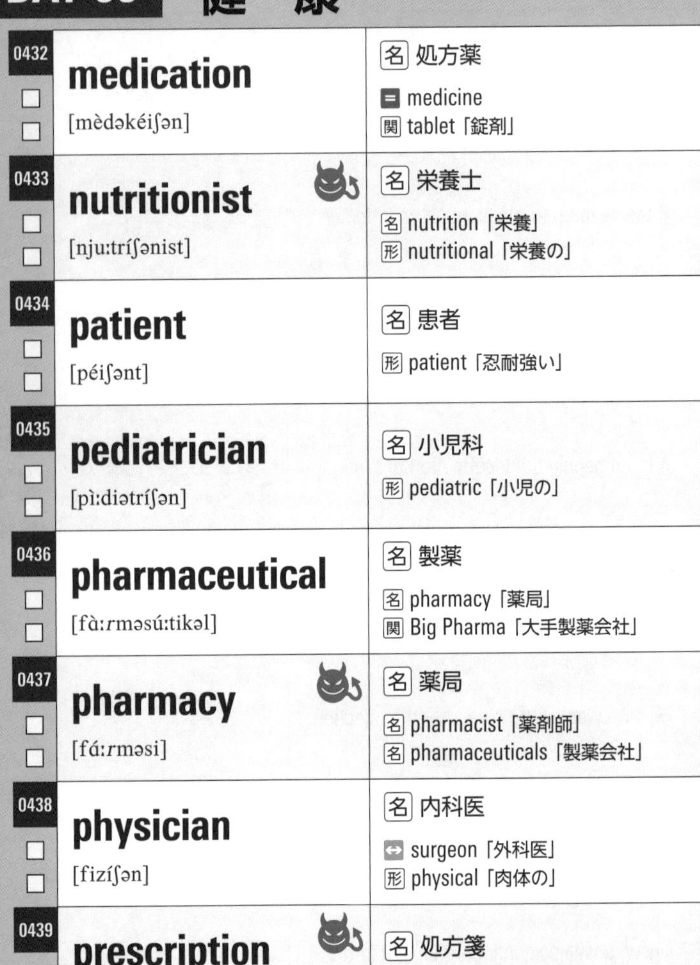

No.	単語	発音	意味・関連語
0432	**medication**	[mèdəkéiʃən]	名 処方薬 = medicine 関 tablet「錠剤」
0433	**nutritionist**	[nju:tríʃənist]	名 栄養士 名 nutrition「栄養」 形 nutritional「栄養の」
0434	**patient**	[péiʃənt]	名 患者 形 patient「忍耐強い」
0435	**pediatrician**	[pì:diətríʃən]	名 小児科 形 pediatric「小児の」
0436	**pharmaceutical**	[fà:rməsú:tikəl]	名 製薬 名 pharmacy「薬局」 関 Big Pharma「大手製薬会社」
0437	**pharmacy**	[fá:rməsi]	名 薬局 名 pharmacist「薬剤師」 名 pharmaceuticals「製薬会社」
0438	**physician**	[fizíʃən]	名 内科医 ↔ surgeon「外科医」 形 physical「肉体の」
0439	**prescription**	[priskrípʃən]	名 処方箋 動 prescribe「処方する」

A doctor will prescribe medication to ease any suffering.	医者は苦痛を和らげるために薬を処方するでしょう。
Dr. White advised him to see a nutritionist about his diet.	White医師は食事について栄養士に相談するよう彼に助言しました。
The nurse on duty worried that the patient's condition would worsen.	勤務中の看護師は患者の状態が悪化することを心配していました。
The kind, old pediatrician was popular with mothers and children.	その優しい年配の小児科医は、母親たちと子どもたちから人気がありました。
That long-standing company deals with pharmaceuticals.	あの創業年数の長い会社は、製薬会社と取引しています。
There seems to be a growing number of pharmacies in the area.	この辺りは、薬局の数が増えているようです。
He looks way too young to be a physician.	彼は、内科医にしては若すぎるようにみえます。
I have to renew my prescription.	処方箋を更新する必要があります。

DAY 09 健　康

0440	**symptom** [símptəm]	名 症状 一般的な兆候も意味する
0441	**virus** [váiərəs]	名 ウイルス コンピュータに入り込んでデータを破壊したり消去したりするプログラムも意味する
0442	**X-ray** [éksrèi]	名 レントゲン写真 形 X-ray「レントゲン写真の」

● 形容詞・副詞

0443	**cardiac** [kɑ́ːrdiæ̀k]	形 心臓の 名 cardiac「心臓病患者」
0444	**excessive** [iksésiv]	形 過度の 副 excessively「過度な」
0445	**ophthalmic** [ɑfθǽlmik]	形 眼科の 名 ophthalmologist, oculist「眼科医」 関 optician「眼鏡店」 関 eye doctor「眼科医」
0446	**surgical** [sə́ːrdʒikəl]	形 外科の 名 surgeon「外科医」

● イディオム・その他

0447	**go on a diet**	ダイエットする 名 diet「食生活」

A fever can be a symptom of many illnesses.	熱は、多くの病気の症状として現れます。
Jill is sick with some kind of virus.	Jillはある種のウイルス性の病気に罹っています。
The X-ray showed several broken bones.	レントゲン写真には幾つかの骨折が写っていました。

They could revive the man with cardiac massage.	彼らは心臓マッサージで男性を蘇生させることができました。
Alcohol poisoning results from an excessive intake of alcohol.	アルコール中毒はアルコールの過剰摂取の結果です。
Ophthalmic surgeons perform surgery to correct myopia.	眼科医は近視を矯正する手術を行います。
He works in the surgical ward.	彼は外科病棟で働いています。

I was instructed to go on a diet immediately.	私はただちに食事制限するよう指示されました。

DAY 09 健　康

0448	**keep in shape**	健康を維持する 関 out of shape「運動不足で体の調子が悪い」
0449	**work out**	運動する = exercise

It's hard to keep in shape during the winter months.	冬季の間、健康を維持するのは難しいです。
I try to work out at the gym most days.	私は、ほとんど毎日ジムで運動しようとしています。

DAY 10

学校・教育

auditorium
（講堂）
sophomore
（2 年生）
major in
（専攻する）
enroll
（登録する、入学する）
WELCOME
commemorate
（祝う）
assignment
（課題）
pop quiz
（抜き打ちテスト）
absence
（欠席）

recess
（休暇）
cheat
（カンニングする）
make-up test
（追試）
final exam
（期末試験）
commencement
（学位授与式）
faculty
（教授陣）
diploma
（卒業証書）
graduate from
（卒業する）

DAY 10 学校・教育

● 動詞

No.	単語	意味
0450	**cheat** [tʃíːt]	動 カンニングする 連 cheat sheet「カンニングペーパー」
0451	**commemorate** [kəmémərèit]	動 記念する 「追悼する」の意味もある 名 commemoration「記念するもの」
0452	**eliminate** [ilímənèit]	動 削除する 名 elimination「削除」
0453	**enroll** [inróul]	動 登録する、入学する 名 enrollment「登録、入学」
0454	**graduate from**	動 卒業する 名 graduation「卒業」
0455	**major in**	動 ～を専攻する 名 major「専攻」
0456	**skip (class)** [skíp]	動 ずる休みする ＝ cut (class) missは病気など、やむを得ない理由で休むこと
0457	**waive** [wéiv]	動 免除する 名 waiver「免除」

Our school is very proud that its students never cheat on exams.	当校は決して学生が試験でカンニングしないことを誇りにしています。
The festival is to commemorate the founding of our school.	その祭典は我々の学校の創立を記念するためのものです。
Try eliminating all possible incorrect answers first.	はじめに、間違いの可能性があるすべての解答を省くようにしてください。
There is still time left to enroll for the upcoming semester.	来期の登録までまだ時間があります。
What university did you graduate from?	あなたはどこの大学を卒業しましたか。
I majored in Computer Science in university.	私は大学でコンピュータサイエンスを専攻しました。
Instead of skipping class, just tell the teacher you couldn't finish the homework.	授業をさぼるのではなく、宿題を終わらせることができなかったことを先生に伝えなさい。
The school waived tuition for Wendy because of her high GPA last semester.	学校は先学期、WendyのGPAが高かったので授業料を免除しました。

DAY 10 学校・教育

● 名詞

0458	**absence** [ǽbsəns]	名 欠席 ⇔ attendance「出席」 形 absent「欠席した」
0459	**assignment** [əsáinmənt]	名 課題 大学以上では、homework「宿題」ではなくassignment「課題」が使われる 動 assign「割り当てる」
0460	**auditorium** [ɔ̀:ditɔ́:riəm]	名 講堂 講演会や卒業式などで利用される
0461	**cohort** [kóuhɔ:rt]	名 クラス 米国の大学ではclassの意味で使用される　例：green cohort「緑組」
0462	**commencement** [kəménsmənt]	名 学位授与式 スティーブ・ジョブスのスタンフォード大学の学位授与式でのスピーチは有名
0463	**credit** [krédit]	名 単位 = unit 連 earn a credit「単位を取得する」
0464	**diploma** [diplóumə]	名 卒業証書 関 diploma policy「卒業生に求められる人物像に関する方針」
0465	**dissertation** [dìsərtéiʃən]	名 論文 通例長い学術論文、学位論文 連 a doctoral dissertation「博士論文」

You are required to submit an excused absence form.	理由のある欠席届の提出が求められます。
Tell me, when is the assignment due again?	課題の締め切りはいつか、もう一度教えてもらえますか。
The auditorium is packed with students.	講堂は学生でいっぱいです。
By studying with a cohort, you can learn a lot.	クラスの仲間とともに学習することにより、多くのことを学ぶことができます。
The famous author was asked to give the commencement speech.	その有名な作家は、学位授与式でのスピーチを依頼されました。
If you don't have enough credits, you can't graduate.	十分な単位取得がなければ卒業できません。
Some people frame their university diploma.	大学の卒業証書を額に入れている人もいます。
I still haven't decided on a topic for my dissertation.	まだ卒業論文の論題を決めていません。

DAY 10 学校・教育

No.	単語	意味
0466	**faculty** [fǽkəlti]	名 教授陣 「能力、学部」という意味もある
0467	**failure** [féiljər]	名 落第 ⇔ pass「合格」 動 fail「落第する」 連 pass or fail「合否」
0468	**final exam**	名 期末試験 関 midterm exam「中間試験」
0469	**grade** [gréid]	名 成績 動 grade「成績をつける」
0470	**knowledge** [nálidʒ]	名 知識 形 knowledgeable「知識がある」
0471	**laboratory** [lǽbərətɔ̀:ri]	名 研究所 略 lab
0472	**make-up test** [méikʌ̀p]	名 追試 = additional test
0473	**pop quiz**	名 抜き打ちテスト 教師が生徒に予告なしに行うテスト

One reason I chose this school was because of the faculty size.	この学校を選んだ理由の1つは、教授陣の規模でした。
That teacher's class seldom has any failures.	あの先生のクラスでは、めったに落第する人はいません。
The final exam will be held in another lecture hall.	期末試験は別の講義室で実施される予定です。
I have a couple questions about my final grade.	私は自分の最終成績についていくつか質問があります。
Knowledge transfer is very important in university education.	知識の伝達は、大学教育においてとても重要です。
Mike is working for a laboratory.	Mikeは研究所に勤務しています。
Students who were sick will have the chance to do a make-up test.	体調の悪かった学生は追試を受ける機会があります。
Put your books away, as we're going to have a pop quiz.	抜き打ちテストを行いますので、本をしまってください。

学校・教育

0474	**probation** [proubéiʃən]	名 仮及第 新入社員などの「試用期間」の意味もある
0475	**recess** [rí:ses]	名 休暇 「休み時間」の意味も重要 連 summer recess「夏休み」
0476	**transcript** [trǽnskript]	名 成績証明書 「台本、写し」の意味も重要 動 transcribe「書き写す」 名 transcription「転写」
0477	**tuition** [tu:íʃən | tju:-]	名 授業料 「面倒を見ること」がこの単語の元来の意味。tutorと同じ語源をもつ
0478	**tutorial** [tu:tɔ́:riəl | tju:tɔ́:riəl]	名 個別指導 関 tutor「個別指導員」
0479	**unit** [jú:nit]	名 単元 = credit「単位」 関 chapter「章」

● 形容詞・副詞

0480	**elective** [iléktiv]	形 選択の ⇔ required「必修の」 名 election「選挙」
0481	**intensive** [inténsiv]	形 集中の 連 intensive care unit「集中治療室」 副 intensively「集中的に」

Tom is placed on probation because of his poor performance last semester.	Tomは先学期の成績不良のため仮及第にされています。
I'm looking forward to the summer recess.	夏季休暇を楽しみにしています。
For some job applications, you'll need to include your transcripts.	求人申込には、成績証明書を同封する必要があります。
If you pay the tuition and school fees, you can join the program.	授業料と諸経費を支払えば、プログラムに参加できます。
That school has an online tutorial option for students.	あの学校には学生向けにオンライン個別指導もあります。
Unfortunately, we won't have time to cover all the units of our textbook.	残念ながら、教科書のすべての単元を網羅する時間はなさそうです。

Elective classes can be more specialized in their content.	選択授業ではそれらの内容をより専門的に扱います。
Students at that medical school undergo very intensive training.	医学部の学生は､非常に集中的な実習を受講します。

DAY 10 学校・教育

0482	**marginal** [mɑ́ːrdʒənəl]	形 ギリギリの passとfailの境界線上の状態を指す
0483	**required** [rikwáiərd]	形 必修の ⇔ elective「選択の」
0484	**sophomore** [sɑ́fəmɔ̀ːr]	形 2年生の 米国の大学2年生のこと
0485	**top-tier** [tɑ́ptíər]	形 一流の = leading
0486	**with honors**	形 優等で 関 summa cum laude「主席で」

イディオム・その他

0487	**sign up for**	登録する = register
0488	**work one's way through college**	苦学して大学を出る 米国の大学生は、学費を親に頼らず、奨学金とアルバイトで賄う人が多い

Three students passed the exam with marginal scores.	3人の学生がギリギリの得点で試験を乗り越えました。
Financial Accounting is a required class for first-year students.	財務会計は1年生の必修科目です。
Traditionally, sophomore students organize the welcome party for freshmen.	伝統的に、2年生が新入生歓迎会を運営します。
Most top-tier universities are about 30% international students.	多くの一流大学には約3割の留学生がいます。
He graduated from his university with honors.	彼は大学を優秀な成績で卒業しました。

Can I still sign up for the advanced course?	まだ上級コースに登録できますか。
I worked my way through college as a short-order cook.	私は、大学で学ぶ傍ら、ファストフード店の厨房で働きました。

DAY 10 芸術・スポーツ

box office
(チケット売り場)
concession stand
(売店)
spectator
(スポーツの観客)
compete
(競争する)
athlete
(運動選手)
physical
(肉体の)
muscle
(筋肉)
photographer
(写真家)

DAY 10

DAY 10 芸術・スポーツ

● 動 詞

No.	単語	意味
0489	**applaud** [əplɔ́:d]	動 拍手する 類 clap one's hands「手をたたく」 名 applause「拍手」
0490	**compete** [kəmpí:t]	動 競争する 名 competition「競争」 形 competitive「競争の」
0491	**impress** [imprés]	動 印象づける 名 impression「印象」 形 impressive「印象的な」
0492	**perform** [pərfɔ́:rm]	動 芸をする 名 performance「演奏、演技」 名 performer「演技者」

● 名 詞

No.	単語	意味
0493	**architect** [á:rkitèkt]	名 建築家 類 architecture「建築」
0494	**athlete** [ǽθli:t]	名 運動選手 = sportsman（あまり使用しない） 形 athletic「運動の」
0495	**box office**	名 （劇場の）チケット売り場 = ticket office, ticket booth
0496	**concession stand**	名 売店 スポーツ競技、劇場、映画館などの売店

The entire audience applauded the violinist loudly.	全聴衆がそのバイオリニストに拍手喝采しました。
Ted wants to compete at the professional level.	Tedは、プロのレベルで競争したがっています。
The pianist impressed the entire audience.	そのピアニストは全聴衆を感動させました。
A clown is performing at a birthday party.	ピエロは、誕生日会で芸をしています。

The architect will be here this afternoon.	その建築家は、午後こちらにいるでしょう。
The athlete used to be a high school teacher.	その運動選手は以前、高校教師でした。
Tickets are available from the box office.	チケットは、チケット売り場で入手できます。
They went to the concession stand to get food.	彼らは、食べ物を入手するために売店に行きました。

DAY 11 芸術・スポーツ

No.	単語	意味
0497	**exhibit** [igzíbit]	名 展示 ＝ exhibition 「別紙」の意味も重要。See Exhibit 3「別紙3参照」 動 exhibit「展示する」
0498	**instrument** [ínstrəmənt]	名 楽器 ＝ musical instrument「楽器」 「道具、器具」の意味も覚えておこう
0499	**muscle** [mʌ́sl]	名 筋肉 形 muscular「筋肉の」
0500	**photographer** [fətágrəfər]	名 写真家 形 photographic「写真の」 名 photograph「写真」 名 photography「撮影」
0501	**portfolio** [pɔːrtfóuliòu]	名 作品集 金融用語では「資産を組み合わせて所有すること」を表す
0502	**score** [skɔ́ːr]	名 楽譜 動 score「点数をとる」
0503	**sculpture** [skʌ́lptʃər]	名 彫刻 関 sculptor「彫刻家」
0504	**spectator** [spékteitər]	名（スポーツの）観客 見物人、傍観者、野次馬という意味もある 類 onlooker

The exhibit will run until the end of the month.	その展示は、今月末まで実施されます。
He is demonstrating how to play the instrument.	彼はその楽器の演奏のしかたを披露しています。
The muscles in her legs felt sore.	彼女は足の筋肉に痛みを感じました。
Hiring a photographer for the party will certainly increase costs.	パーティで写真家を雇うと確実に高くつきます。
I need to show my portfolio at the job interview.	私は採用面接で自分の作品集を提示する必要があります。
The music score for the movie won many awards.	その映画の楽曲は多くの賞を獲得しました。
The city decided to erect a sculpture in front of city hall.	市は市役所の前に彫刻を建立することを決めました。
Some spectators waited until after the game to get autographs.	数名の観客は、サインをもらうため試合が終わるまで待っていました。

0505	**statue** [stǽtʃuː]	名 像 類 image

● 形容詞・副詞

0506	**ballpark** [bɔ́lpɑ̀rk]	形 概算の 野球場が広いことから、「概算の、おおよその」の意味になった 名 ballpark「野球場」
0507	**enthusiastic** [enθùːziǽstik | inθùːziǽstik]	形 熱心な 名 enthusiasm「熱心」 名 enthusiast「愛好家」 副 enthusiastically「熱心に」
0508	**physical** [fízikəl]	形 肉体の ⇔ spiritual「精神の」 関 physics「物理」
0509	**skilled** [skíld]	形 技能のある 類 skillful「熟練した」 名 skill「技能」 関 skilled worker「熟練工」
0510	**sophisticated** [səfístikèitid]	形 洗練された 名 sophistication「洗練さ」

The Statue of Liberty is worth visiting.	自由の女神像は、訪れる価値があります。

Please give us a ballpark figure.	概算を私たちに教えてください。
That team's fans are extremely enthusiastic.	そのチームのファンたちは、非常に熱心です。
Rugby is a very physical sport.	ラグビーは、とても体力のいるスポーツです。
She is skilled at many sports but volleyball in particular.	彼女は、多くのスポーツに長けているが、とりわけバレーボールではそうです。
Enjoy sophisticated paintings created by modern artists.	現代芸術家により創られた、洗練された絵画をご観覧ください。

coffee break① 電話の基本表現

紙面構成の都合により、本編では取り上げることができなかった電話の基本表現について紹介します。電話表現は、リスニングのパート2、パート3で、ほぼ毎回出題されます。

●誰かに電話をつないでもらうとき

May I speak (talk) to Mr. Wilson?「ウイルソンさんとお話しできますか」
Can I have a talk with Mr. Wilson? と表現することも可能です。

●電話の相手を確認するとき

May I ask who's calling?
Who's calling, please?
Who am I speaking to?
いずれも「どちらさまですか」の意味です。Who are you? や What's your name? は、相手への敬意が感じられず失礼です。カジュアル表現としてもせめてWho's this? を使いましょう。

●電話番号が間違っているとき

I'm afraid you have the wrong number.「電話番号をお間違いではないかと思います」

●電話を切らずに待ってもらいたいとき

Please hold on a second.「電話を切らずに少々お待ちください」
Hold the lineという表現もあります。
Don't hang up, please.「電話を切らないでください」
hang upは、前後の文脈によって「受話器を置く」と「話し中に一方的に電話を切る」という意味があります。電話が世の中に登場した頃、壁掛け電話が主流だったのでその名残です。「切る」に注目してcut the phoneと言ってはいけません。電話機をナイフなどで切断してしまうことになります。なお「携帯電話を切る」は、turn offまたはswitch offを使用します。

●誰かに電話を代わる、またはつなぐとき

I'll put her on.「彼女に代わります」
put someone on「人を電話に出す、人に電話を代わる」というイディオムです。また、put you through to someone「人に電話をつなぐ」という表現もよく使われます。

以上、電話表現は、決まり文句(set expression)を覚えてしまうのが、実用的です。

第2章

どのような
場面でも出てくる

品詞別
重要単語

音声トラック 69 〜 123

DAY 11 動詞

No.	見出し語	意味
0511	**acclaim** [əkléim]	動 称賛する = admire 名 acclaim「称賛」
0512	**accompany** [əkʌ́mpəni]	動 同行する = go with
0513	**achieve** [ətʃíːv]	動 達成する 名 achievement「達成、業績」
0514	**acquire** [əkwáiər]	動 得る 名 acquisition「買収、獲得」
0515	**adhere to** [ədhíər]	動 従う 名 adherence「執着」
0516	**adjust** [ədʒʌ́st]	動 調整する 名 adjustment「調整」
0517	**admire** [ədmáiər]	動 称賛する = acclaim 名 admiration「称賛」
0518	**admit** [ədmít]	動 認める 名 admission「許可」

His creations were acclaimed by the design community.	彼の作品はデザイン業界から称賛されました。
The boss asked me to accompany him on my business trip.	上司から、出張に彼を同伴するよう頼まれました。
With a lot of effort, you can achieve great things in your new role.	たくさん努力すれば、新天地ですばらしい成果を上げることができます。
You'll acquire all the information about the position from Jill.	あなたは、Jillからそのポジションに関するすべての情報を入手することになるでしょう。
Even on business trips, you have to adhere to our strict dress code.	出張であっても、当社の厳しい服装規定に従わなければなりません。
It'll take a while to adjust to the jet lag.	時差ぼけに順応するにはしばらくかかります。
People admire her for all that she has accomplished.	人々は、彼女が達成した業績すべてを称賛しています。
Tom admitted he sent the email out by mistake.	Tomはメールを誤送信したことを認めました。

DAY 11 動詞

0519	**adopt** [ədɑ́pt｜ədɔ́pt]	動 採用する adapt「適合させる」と混同しないこと 名 adoption「導入、養子縁組」
0520	**affect** [əfékt｜æfékt]	動 影響を及ぼす 名 effect「効果」と混同しないこと 形 affecting「心を打つ」
0521	**aim** [éim]	動 目的とする aim to do, aim at～ing「～を目的とする」 名 aim「目的」
0522	**allow** [əláu]	動 許す 名 allowance「手当」
0523	**alter** [ɔ́:ltər]	動 変更する 形 alternavite「代わりの」
0524	**alternate** [ɔ́:ltərnèit]	動 交代する 名 alteration「交代」 副 alternatively「もしくは」
0525	**anticipate** [æntísəpèit]	動 予測する 名 anticipation「期待」
0526	**appear** [əpíər]	動 表れる（現れる） 名 appearance「見かけ」

Management has decided to adopt several of the ideas.	経営陣は、それらのいくつかの考えを採用することに決めました。
I wonder if the software update will affect the speed of the computer.	ソフトウェアの更新は、コンピュータの速度に影響するのではないかと思います。
I aim to remember all the new interns' names by tomorrow.	明日までに、新しいインターン生の名前をすべて覚えるのが目標です。
Please allow me to give you a piece of advice.	あなたに1つアドバイスさせてください。
The title changed, so you'll need to alter the presentation's first slide.	題名が変わったので、あなたはプレゼンの最初のスライドを変更する必要がでてくるでしょう。
He likes to alternate how he commutes to work every day.	彼は通勤方法を毎日変えるのが好きです。
There was no way to anticipate that company's sudden success.	あの企業の短期での成功は、まったく予想していませんでした。
It's OK to appear nervous in a job interview.	就職試験では、緊張感が表れてしまっても大丈夫ですよ。

No.	単語	意味
0527	**attempt** [ətémpt]	動 試みる 熟 attempt to do「～をしようと試みる」 名 attempt「試み」
0528	**attract** [ətrǽkt]	動 引き付ける 名 attraction「引き付けること」 形 attractive「魅力的な」
0529	**avoid** [əvɔ́id]	動 避ける avoidは後ろに動名詞（不定詞は不可）avoid ～ing「～するのを避ける」 名 avoidance「避けること」
0530	**blame** [bléim]	動 非難する 名 blame「非難」
0531	**calculate** [kǽlkjəlèit]	動 計算する 名 calculation「計算」 形 calculating「計算高い」
0532	**claim** [kléim]	動 主張する 日本語で「不平、不満」を意味するクレームは、complain（動詞）、complaint（名詞）を使用する 名 claim「主張」
0533	**combine** [kəmbáin]	動 組み合わせる 名 combination「組み合わせ」 形 combined「共同の、連合の」
0534	**compare** [kəmpéər]	動 比較する 名 comparison「比較」 形 comparable「比較可能な」 形 comparative「比較の」

They're attempting a big push in overseas markets.	彼らは海外市場への積極的な参入を試みています。
The boss wants us to network more to attract clients.	顧客を引き付けるため、上司は我々にさらにネットワークを広げてほしいと考えています。
Avoid sending work-related emails after 6:00 pm.	午後６時を過ぎてからの仕事関連のメールの送信は避けてください。
You shouldn't blame your coworkers when things go wrong.	事態が悪化した際、同僚を非難すべきではありません。
It's better not to calculate your salary based on the number of hours worked.	給料は、労働時間に基づいて計算しないほうがいいです。
Sara in HR is claiming you'll be promoted soon.	人事部のSaraが、あなたは間もなく昇進すると言っています。
He doesn't like to combine his personal life with his work.	彼は私生活と仕事を混同させることを好みません。
It's necessary to compare a new product idea with similar ones on the market.	市場では、新製品のアイディアと似たようなものをくらべることが必要です。

DAY 11 動　詞

0535	**concentrate** [kɑ́nsəntrèit]	動 集中する 名 concentration「集中」
0536	**confess** [kənfés]	動 告白する 名 confession「告白」
0537	**consider** [kənsídər]	動 考慮する considerのあとは動名詞～ingが続く「～するのを考慮する」 名 consideration「考慮」
0538	**contain** [kəntéin]	動 含む 「抑える」の意味もある 名 containment「封じ込め」
0539	**contribute** [kəntríbjuːt]	動 貢献する 「寄付する」の意味もある 名 contribution「貢献」
0540	**count on**	動 頼りにする 類 depend on ～ / rely on ～「～を頼りにする」
0541	**decline** [dikláin]	動 断る 「下降する」の意味も重要 丁寧に断ること。きっぱり断る場合はreject, turn down, refuse
0542	**decorate** [dékərèit]	動 装飾する 名 decoration「装飾」 形 decorative「装飾の」

Don't you find it hard to concentrate on work with construction going on in the building?	建物内で工事が行われている間は、仕事に集中するのが難しいとは思いませんか。
I must confess that I'm not that knowledgeable about the latest software.	私は、最新のソフトウェアについて知識が浅いことを報告しなければなりません。
It may be time for us to consider outsourcing some of the workload.	当社にとって、業務の外注を検討すべき時期かもしれません。
Our cuisine doesn't contain any food additives.	当店の料理には、一切食品添加物は含まれておりません。
The company contributes a small percentage to employees' pensions.	その会社は、従業員の年金に僅かな上乗せをしました。
Jennifer is someone the whole team can count on.	Jenniferはチーム全体が頼りにしている人です。
The president regrettably declined the offer due to the schedule conflict.	予定が重複したため、社長は残念ながらその申し出を断りました。
You're free to decorate your cubicle however you want.	あなたの希望どおりに個人スペースを自由に装飾できます。

No.	単語	意味
0543 □□	**deliver** [dilívər]	動 配送する 「やり遂げる」の意味もある 名 delivery「配送」
0544 □□	**demolish** [dimáliʃ]	動 取り壊す 形 demolished「取り壊された」
0545 □□	**describe** [diskráib]	動 記述する 名 description「記述」
0546 □□	**disturb** [distə́ːrb]	動 邪魔する 名 disturbance「妨害」
0547 □□	**divide** [diváid]	動 分割する 名 division「分割」
0548 □□	**double** [dʌ́bl]	動 倍増する 形 double「倍の」 関 triple「3倍にする」
0549 □□	**earn** [ə́ːrn]	動 稼ぐ 名 earning「利益」
0550 □□	**emphasize** [émfəsàiz]	動 強調する 名 emphasis「強調」

That new Thai restaurant delivers anywhere within three miles.	あの新しいタイレストランは3マイル以内ならどこにでも配達します。
They'll demolish this building to make room for condos.	コンドミニアム用のスペースを作るために、彼らはこの建物を取り壊すでしょう。
The memo describes in detail our department's new sales goals.	社内回覧には、当部署の新しい売上目標の詳細が記載されています。
Jim's getting ready to make a presentation so I wouldn't disturb him if I were you.	Jimは、プレゼンの準備をしているので、私があなただとしたら、彼の邪魔はしないでしょう。
Head office will divide the new hires between the three branch offices.	本社は新入社員を3つの支店に振り分ける予定です。
I heard rent in the area will double because of the new subway station.	私は、新しい地下鉄の駅のせいで、その地域の賃料が2倍になると聞きました。
I'm earning much more in my new position.	私は新しい役職でずっと多く稼いでいます。
Speak slower to emphasize an important point in your speech.	スピーチでは重要なポイントを強調するために、普段よりゆっくりと話しなさい。

No.	単語	意味
0551	**empty** [émpti]	動 空にする 形 empty「空の」 連 empty seat「空席」
0552	**enable** [enéibl]	動 可能にする enable 人 to do「人が～することを可能にする」
0553	**encourage** [inkə́:ridʒ]	動 激励する encourage 人 to do「人に～するように促す」 名 encouragement「激励」
0554	**endanger** [indéindʒər]	動 危険にさらす = in danger 連 endangered species「絶滅危惧種」
0555	**enhance** [inhǽns]	動 高める 類 boost, improve 名 enhancement「向上」
0556	**establish** [istǽbliʃ]	動 確立する 名 establishment「確立」 形 established「確立した」
0557	**examine** [igzǽmin]	動 審査する 名 examination「審査」 名 examiner「審査官」
0558	**expedite** [ékspədàit]	動 はかどらせる 「手早く片付ける」の意味もある ↔ impede「妨げる」

When I got back from vacation, I needed to empty my email inbox.	休暇から戻った際、メール受信箱を空にする必要がありました。
Dedicated smartphone apps have enabled greater local service.	スマートフォン専用アプリは、より良い顧客サービスの提供を可能にしています。
Many celebrities encourage children to follow their dreams.	多くの有名人たちは、子どもたちに夢を追いかけるようすすめます。
The chemical plant endangered the lives of the local wildlife.	その化学工場は、地域の野生動物の生存を危険にさらしました。
This is an opportunity to enhance the company's reputation.	これは、会社の評判を高めるチャンスです。
We've established ourselves in this niche market.	私たちはこの隙間市場での地位を確立しています。
Alice carefully examined the details of her contract.	Aliceは、彼女の契約の詳細を慎重に検討しました。
Please do what you can to expedite the plans.	その計画をはかどらせるため、あなたができることをしてください。

0559	**expire** [ikspáiər]	動 期限が過ぎる 名 expiration「期限切れ」
0560	**explore** [ikspló:r]	動 探究する 名 exploration「探究」
0561	**face** [féis]	動 顔をむける 関 face-to-face「向かい合って」 名 face「顔」
0562	**found** [fáund]	動 設立する = establish 名 foundation「設立」
0563	**generate** [dʒénərèit]	動 生む 名 generation「世代」
0564	**guarantee** [gæ̀rəntíː]	動 保証する 名 guarantee「保証」 発音は名詞は前を、動詞は後ろを強く読む
0565	**guess** [gés]	動 推測する 連 I guess「～かもしれない」 名 guess「推測」
0566	**handle** [hǽndl]	動 対応する = deal with, cope with, address

Wonder Films' rights to that superhero character expire next year.	WonderFilmsのあのスーパーヒーロー役の権利は来年で期限切れになります。
Jeff wanted to explore his options more.	Jeffは、彼の選択肢を更に広げたいと思っていました。
Everyone faced the boss as he began the meeting.	上司が会議をはじめた際、全員、上司のほうを向きました。
This shop was founded almost 100 years ago.	この店は、ほぼ100年前に創立されました。
This new campaign should generate the sales we're looking for.	この新しいキャンペーンは、我が社が求めている売上をもたらすに違いないです。
I can't guarantee I'll have time for you this afternoon.	今日の午後、私はあなたのために時間をとれるという保証はありません。
I can only guess as to why she suddenly quit.	私は、なぜ彼女が突然退職したか推測できます。
We can handle this latest setback ourselves.	我々はこの最近の失敗に自分たちで対応することができます。

DAY 12 動詞

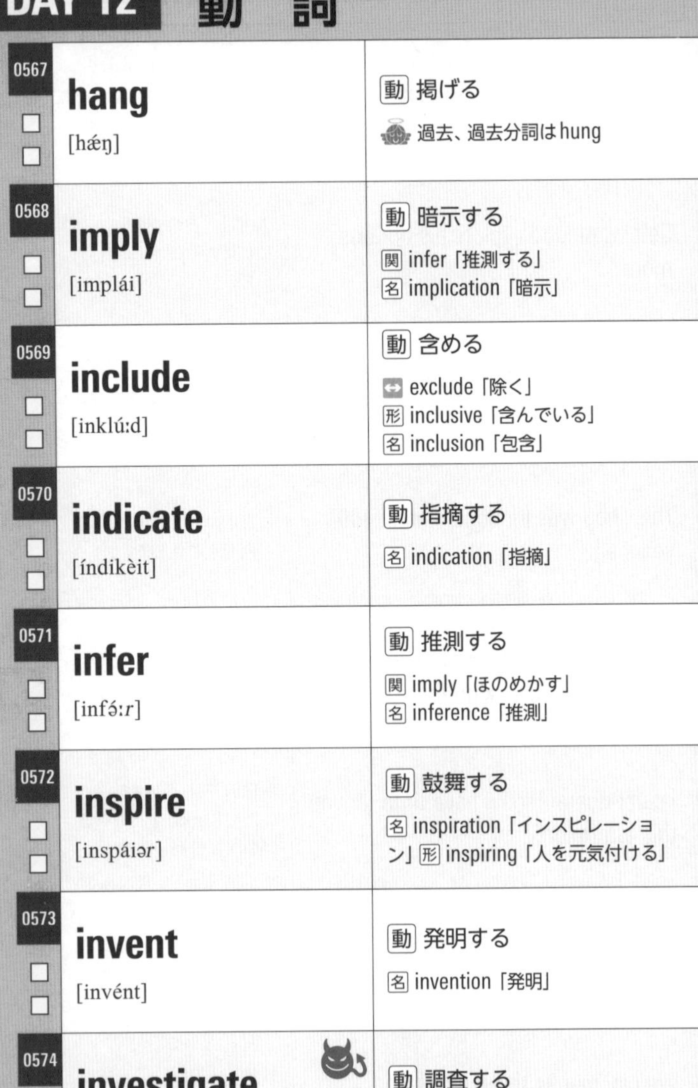

No.	単語	意味
0567	**hang** [hǽŋ]	動 掲げる 過去、過去分詞はhung
0568	**imply** [implái]	動 暗示する 関 infer「推測する」 名 implication「暗示」
0569	**include** [inklúːd]	動 含める ⇔ exclude「除く」 形 inclusive「含んでいる」 名 inclusion「包含」
0570	**indicate** [índikèit]	動 指摘する 名 indication「指摘」
0571	**infer** [infə́ːr]	動 推測する 関 imply「ほのめかす」 名 inference「推測」
0572	**inspire** [inspáiər]	動 鼓舞する 名 inspiration「インスピレーション」 形 inspiring「人を元気付ける」
0573	**invent** [invént]	動 発明する 名 invention「発明」
0574	**investigate** [invéstəgèit]	動 調査する 名 investigation「調査」

I think you can hang any pictures you want in your office.	私は、あなたが事務所にほしいどんな絵画でも飾ることができると思います。
The new ad campaign is being criticized for implying racist stereotypes.	新しい広告キャンペーンは、人種差別的なステレオタイプを暗示していると批判されています。
Include a brief history of the company at the beginning of your presentation.	プレゼンテーションの冒頭には、会社の簡単な社歴を含めてください。
The interviewee didn't indicate any sort of knowledge of our company.	面接を受けた人は、我が社についての知識を何も話しませんでした。
I think the boss is inferring that we should look sharp.	上司は我々が身だしなみを整えるべきと示唆していると思います。
He hopes to inspire the younger designers in his firm.	彼は、会社の若手デザイナーを鼓舞できればと願っています。
It takes a lot of creativity and insight to invent something.	何かを発明するには、創造性と洞察力が必要です。
Management promised they'd investigate this as soon as possible.	経営陣は、これについてできるだけ早急に調査すると約束しました。

DAY 12 動　詞

No.	単語	意味
0575	**involve** [inválv]	動 巻き込む 名 involvement「介入」 形 involved「関わった」
0576	**last** [lǽst]	動 長持ちする 「続く」の意味もある 形 最後の
0577	**locate** [lóukeit]	動 見つける = find 名 location「場所」 形 located「～に位置する」
0578	**monitor** [mánətər]	動 監視する 名 monitoring「監視」
0579	**note** [nóut]	動 留意する "Please note" はお知らせするときの決まり文句 名 note「メモ」
0580	**notify** [nóutəfài]	動 知らせる = inform 名 notification「知らせ」 熟 notify A of B「AにBを知らせる」
0581	**obtain** [əbtéin]	動 得る = get, acquire 形 obtainable「手に入れることができる」
0582	**occupy** [ákjəpài]	動 占領する 名 occupation「独占、職業」 形 occupied「使用中」

A decision on something like this should involve women.	このような案件の決定には、女性たちを巻き込むべきです。
The ink cartridge should last for at least two months.	そのインクのカートリッジは、少なくとも2か月は持ちます。
I've not been able to locate the copies with the typo.	タイプミスをしたコピーを見つけることができません。
Some cities monitor high crime areas with cameras.	いくつかの都市では、犯罪多発地域をカメラで監視しています。
Please note that we are closing early this Monday.	今週月曜日は早く閉店しますので、ご注意ください。
Notify me when she returns from lunch.	彼女がランチから戻ったら私に知らせてください。
You'll need to obtain a visitor's pass if you want to meet with someone.	誰かに面会したい場合、あなたは訪問許可証を入手する必要があります。
If I get the promotion, I'll get to occupy one of the corner offices.	もし昇進したら、私は角部屋の1つを使用することになるでしょう。

DAY 12 動詞

No.	見出し語	意味
0583	**occur** [əkə́ːr]	動 起こる = happen 名 occurrence「出来事」
0584	**omit** [oumít]	動 省略する 名 omission「省略」
0585	**operate** [ápərèit]	動 稼働する 名 operation「稼働」 形 operational「操作上の」
0586	**organize** [ɔ́ːrgənàiz]	動 整理する 名 organization「組織」 形 organizational「組織の」 関 organizational behavior「組織行動」
0587	**post** [póust]	動 掲示する 名 post「郵便物」
0588	**postpone** [poustpóun]	動 延期する = put off
0589	**prefer** [prifə́ːr]	動 ～を好む 熟 prefer A to B「BよりもAを好む」 名 preference「好み」
0590	**present** [prizént]	動 提示する 名 presentation「提示」

It just occurred to me that I need to renew my passport.	私はふと、パスポートを更新する必要があると気付きました。
To be on the safe side, omit any reference to religion, race, or gender.	念のため、宗教、人種、性別などの照会は除いてください。
The elevator isn't operating properly.	そのエレベーターは正常に動いていません。
Jerry tried to organize his thoughts before his meeting with the boss.	Jerryは、上司との会議の前に彼の考えを整理しようとしました。
It's considered a big no-no to post comments about your own company on SNS.	自社に関するコメントをSNS上に投稿するのは許されないと考えられています。
Tomorrow's company picnic will be postponed due to bad weather.	明日の会社のピクニックは、悪天候のため、延期となるでしょう。
If you'd prefer, we have a table by the window available.	もしよろしければ、窓側のテーブルに空きがございます。
I'm pleased to present you with the award for employee of the month.	あなたを月間従業員賞に表彰することは喜ばしいことです。

DAY 12 動詞

0591	**prove** [prú:v]	動 証明する 名 proof「証明」
0592	**provide** [prəváid]	動 提供する 熟 provide A with B「AにBを提供する」
0593	**recognize** [rékəgnàiz]	動 認識する 名 recognition「認識」
0594	**refer** [rifə́:r]	動 参照する 名 reference「参照」
0595	**reflect** [riflékt]	動 反映する 名 reflection「反映」
0596	**reform** [rifɔ́:rm]	動 改革する 名 reform「改革」
0597	**refuse** [rifjú:z]	動 拒否する 類 reject, decline, deny 名 refusal「拒否」
0598	**remain** [riméin]	動 ままでいる S+V+Cの第Ⅱ文型を構成する動詞 名 remainder「残り」

Wear this name tag around your neck to prove you work here.	あなたがここで仕事をしていることを証明するため、首のあたりに名札をつけてください。
You will be asked to provide ID when purchasing certain goods.	特定の商品を購入する際には、身分証の提示を求められるでしょう。
I recognize some of these teachers from the school's brochure.	私は、学校のパンフレットで何名かの教員を見た覚えがあります。
Please refer to the table of contents in your handbook.	ハンドブックの目次をご参照ください。
After the sales conference, Yuki could reflect better on her own strengths and weaknesses.	営業会議のあと、Yukiは自身の長所と短所をより振り返ることができました。
The government is thinking of completely reforming its spending policies.	政府は、支出方針の完全なる改革を考えています。
Sonoko is refusing to make any changes to our presentation.	Sonokoは、我々のプレゼンテーションのいかなる変更も拒否しています。
A lot of the party guests remained seated.	多くのパーティ客が座ったままでした。

DAY 13 動詞

No.	単語	意味
0599	**remind** [rimáind]	動 念押しする 名 reminder「リマインダー」
0600	**remove** [rimú:v]	動 取り除く 名 removal「除去」
0601	**renew** [rinú: | -njú:]	動 更新する 名 renewal「更新」
0602	**review** [rivjú:]	動 審査する、復習する 名 review「審査」
0603	**revise** [riváiz]	動 修正する 名 revision「修正」
0604	**scatter** [skǽtər]	動 散乱する 名 scatter「散乱」
0605	**seal** [sí:l]	動 封をする 名 seal「封印、印鑑」 形 sealed「密封された、封をされた」
0606	**settle** [sétl]	動 解決する 名 settlement「解決」

Remind Gina that the taxi to the airport is coming at 3:00.	Ginaに、空港行きのタクシーは3時に来ると念押ししてください。
All the books have been removed from the shelves.	すべての本が棚から撤去されました。
I need to take the afternoon off to renew my driver's license.	私は運転免許証の更新のため午後から休みを取る必要があります。
Shall we review what you've learned?	あなたが学んだことを復習しましょうか。
I was told we need to revise a lot of what we planned to do.	私は、我々が行う予定だった多くのことを見直す必要があると言われました。
Papers are scattered all over the office floor.	紙が事務所の床一面に散らばっています。
Seal all boxes with this duct tape.	このダクトテープで、すべての箱を封じてください。
They're going to talk to management to help settle the matter.	彼らは、その案件の解決のため、経営陣と話す予定です。

DAY 13 動　詞

No.	単語	意味
0607	**struggle** [strʌ́gl]	動 苦労する 名 struggle「苦労」
0608	**trace** [tréis]	動 追跡する 名 trace「追跡」
0609	**track** [trǽk]	動 追跡する 名 track「追跡」 熟 keep track of「～の消息を追う」
0610	**undergo** [ʌ̀ndərgóu]	動 受ける 過去 underwent、過去分詞 undergone
0611	**undertake** [ʌ̀ndərtéik]	動 取り組む 名 undertaking「事業、約束」
0612	**update** [ʌ̀pdéit]	動 更新する 名 update「最新情報」
0613	**upgrade** [ʌ̀pgréid]	動 改良する 名 upgrade「改良」
0614	**weaken** [wíːkn]	動 弱める ⇔ strengthen「強化する」 名 weakness「弱さ」

Sam struggled in his first few weeks on the job.	Samは、その仕事での最初の数週間は苦労しました。
Shopping sites are becoming better at tracing their customers' preferences.	配送サイトは顧客の好みを追跡しやすくなってきています。
Couldn't the police track him down?	警察は彼を追跡できなかったのですか。
Katy underwent another exam from a different doctor.	Katyは別の医師から他の検査を受けました。
The lawyer undertook a new case despite her heavy workload.	その弁護士は仕事量が既に多いにも関わらず、新しい案件を引き受けました。
Let me update you on all that you've missed.	あなたが聞き逃したすべての情報をお伝えします。
We are the last branch to have our software upgraded.	当店は、当社のソフトウエアをアップグレードさせた最後の支店です。
The company might weaken itself with too many overseas ventures.	その会社は、海外のベンチャー事業を手掛けすぎて、自ら衰退していく可能性があります。

0615	**accuracy** [ǽkjurəsi]	名 正確さ ⇔ inaccuracy「不正確さ」 形 accurate「正確な」
0616	**advantage** [ædvǽntidʒ | ədvá:n-]	名 有利 ⇔ disadvantage「不利」 連 competitive advantage「競争優位性」 熟 take advantage of「有効活用する」
0617	**amendment** [əméndmənt]	名 修正 動 amend「修正する」
0618	**analysis** [ənǽləsis]	名 分析 動 analyze「分析する」 形 analytical「分析的な」
0619	**apology** [əpɑ́lədʒi | əpɔ́l-]	名 謝罪 動 apologize「謝罪する」
0620	**appliance** [əpláiəns]	名 電化製品 連 appliance store「電気店」
0621	**aspect** [ǽspekt]	名 側面 類 view, look, facet, dimension
0622	**assessment** [əsésmənt]	名 評価 動 assess「評価する」

Our Accounting Department prides itself on its speed and accuracy.	我が社の経理部はスピードと正確さが自慢です。
It would be to your advantage to network at the party.	パーティでネットワークを広げることはあなたに有利になります。
They made a slight amendment to the contract.	彼らは、契約書に少し訂正を施しました。
According to our analysis, a summer launch would be ideal.	当社の分析によると、夏の発売が理想的です。
Please accept our sincerest apologies.	心からお詫び申し上げます。
Electronic appliances should not be used during takeoff.	離陸中は電化製品をご使用になれません。
There are many aspects of this neighborhood that I enjoy.	私が、この近所に満足している点は、たくさんあります。
Our evaluation is a simple assessment of your effort.	我々の評価は、あなたの努力に対する純然たる評価です。

0623	**association** [əsòusiéiʃən]	名 団体 関 associate「仲間」 連 my associate「同僚」
0624	**authority** [əθɔ́:rəti]	名 権限 「権威」の意味も重要 動 authorize「認可を与える」
0625	**benefit** [bénəfit]	名 福利厚生 動 benefit from「～から利益を得る」
0626	**blueprint** [blú:prìnt]	名 設計図 動 blueprint「青写真を作る」
0627	**brochure** [brouʃúər]	名 小冊子 類 pamphlet「パンフレット」
0628	**bulletin board**	名 掲示板 関 bulletin「会報、掲示、(大学などの) 紀要」
0629	**capacity** [kəpǽsəti]	名 (収容、生産などの) 能力 連 mental capacity「知力」
0630	**caution** [kɔ́:ʃən]	名 注意 類 care, attention

They are trying to set up a business association between the two countries.	彼らは2カ国間の事業団体を立ち上げようとしています。
Unfortunately, I don't have the authority to OK this budget.	残念ながら、私はこの予算に対して許可する権限はありません。
Working here means there are lots of job benefits.	ここで働けば、多くの福利厚生を享受できます。
They're looking over a blueprint.	彼らは設計図を見ているところです。
The brochure contained a list of things to do while we stayed in Fukuoka.	パンフレットには、福岡に滞在中の予定が含まれていました。
Any after-hour events should be posted on the bulletin board in the breakroom.	終業後のイベントは、すべて休憩室の掲示板に貼り出すべきです。
I think the auditorium was filled to capacity.	講堂は満員だったと思います。
If you want to reach the top of the mountain, proceed with caution.	山頂に到達したければ、気を付けて進んでください。

No.	単語	意味
0631	**charge** [tʃáːrdʒ]	名 請求 動 charge「請求する」
0632	**circumstance** [sə́ːrkəmstæ̀ns]	名 状況 = situation
0633	**code** [kóud]	名 規範 連 area code「市外局番」、ethical code「倫理規定」 関 a code of conduct「行動規範」
0634	**complaint** [kəmpléint]	名 不平 claim「主張」と混同しないこと 動 complain「不平を言う」
0635	**complex** [kámplèks]	名 複合施設 形 complex「複雑な」 関 complexity「複雑さ」
0636	**conclusion** [kənklúːʒən]	名 結論 動 conclude「～と結論を出す」 熟 in conclusion「最後に」
0637	**conflict** [kánflikt]	名 衝突 類 confliction「衝突」 連 schedule conflict「予定が重なること」
0638	**congratulations** [kəngræ̀tʃuléiʃəns]	名 おめでとう 必ずsをつけて使用する 動 congratulate「祝う」

I think the cashier forgot to charge me for this item.	レジ係は、この商品代金を私に請求し忘れたと思います。
The circumstances surrounding his sudden job transfer are vague.	彼の突然の異動を取り巻く状況は、曖昧です。
We've adopted a casual dress code to help with employee satisfaction.	私たちは、従業員の満足度のため、カジュアルなドレスコードを適用しています。
Excuse me, I'd like to make a complaint.	すみません、言いたいことがあるのですが。
The apartment complex is beside the busy road.	アパートは交通量の多い道路の脇にあります。
I've come to the conclusion that we need to rethink our strategy.	私は、我が社の戦略を再考する必要があるという結論に行き着きました。
I've got a schedule conflict tomorrow that I didn't see.	知りませんでしたが、明日の予定に重複がありました。
Congratulations on getting the Employee of the Month award.	月間優秀社員賞受賞おめでとうございます。

名　詞

No.	単語	意味
0639	**consent** [kənsént]	名 承認 動 consent「承認する」類 approval, agreement 連 informed consent「医師が患者に診療内容を説明すること」
0640	**critic** [krítik]	名 批評家 動 criticize「批判する」
0641	**decade** [dékeid]	名 10年 関 century「100年」 関 millennium「1000年」
0642	**detail** [ditéil, dí:teil]	名 詳細 熟 in detail「詳細に」
0643	**device** [diváis]	名 装置 関 a safety device「安全装置」
0644	**distance** [dístəns]	名 距離 形 distant「距離のある」
0645	**ditto** [dítou]	名 同上 類 me too.「私も同様です」
0646	**domain** [douméin]	名 領域 連 public domain「公有」

You'll need the boss' consent to take such a long vacation.	そのような長い休暇をとるには、上司の同意が必要です。
Mr. Phelan is highly respected as an impartial critic.	Phelanさんは、公平な批評家としてとても尊敬されています。
Tonight's party is to celebrate a decade at this current location.	今夜のパーティは、この土地での10周年のお祝いです。
Let me tell you in detail.	詳細について、話させてください。
The device was too costly to produce and was discontinued.	その装置は製造するのに費用がかかりすぎて生産中止になりました。
The airport is a far distance from the city's downtown.	空港はその市の繁華街からかなり離れています。
A: I like skiing. B: Ditto.	A：私はスキーが好きです。 B：同じく。
Design was Dan's domain, so she was out of line to give him advice.	デザインはDanの担当領域だったので、彼女は、彼にアドバイスする立場ではありませんでした。

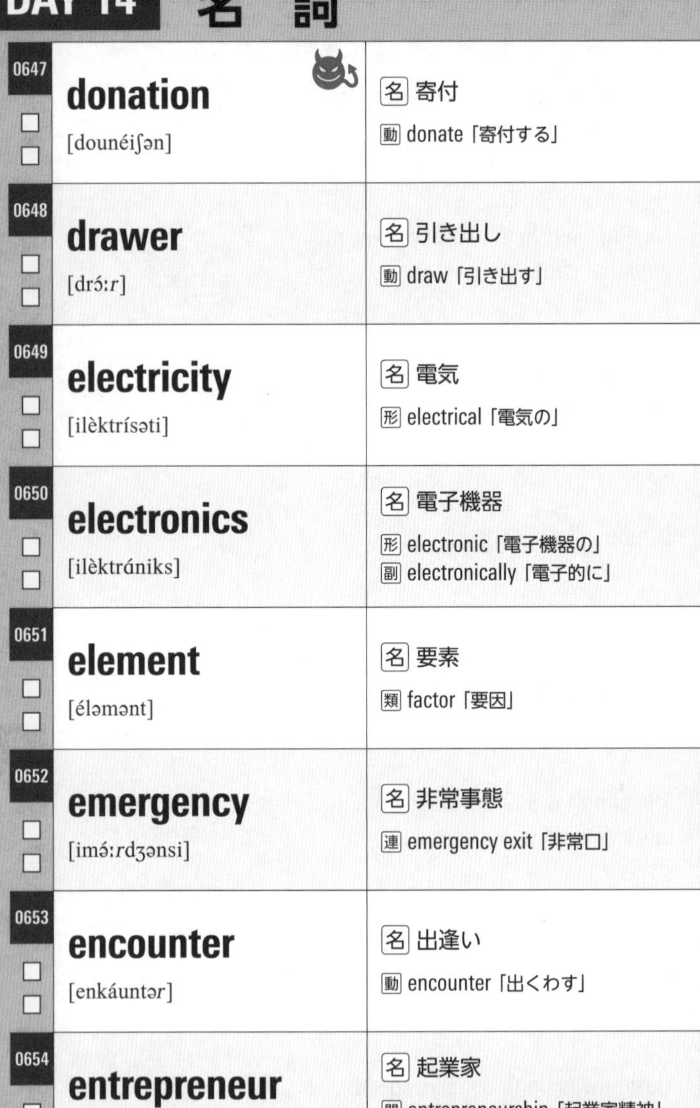

0647	**donation** [dounéiʃən]	名 寄付 動 donate「寄付する」
0648	**drawer** [drɔ́:r]	名 引き出し 動 draw「引き出す」
0649	**electricity** [ilèktrísəti]	名 電気 形 electrical「電気の」
0650	**electronics** [ilèktrániks]	名 電子機器 形 electronic「電子機器の」 副 electronically「電子的に」
0651	**element** [éləmənt]	名 要素 類 factor「要因」
0652	**emergency** [imə́:rdʒənsi]	名 非常事態 連 emergency exit「非常口」
0653	**encounter** [enkáuntər]	名 出逢い 動 encounter「出くわす」
0654	**entrepreneur** [à:ntrəprənə́:r]	名 起業家 関 entrepreneurship「起業家精神」 形 entrepreneurial「起業家的な」

Her donation to the local volunteer group was much appreciated.	地元のボランティア団体への彼女の寄付はとても感謝されました。
The top drawer has been opened.	一番上の引き出しが開いています。
I try to save electricity by turning off the lights.	私は、消灯することで節電しようとしています。
There's a box of electronics here that you might find interesting.	ここに、あなたが興味を持ちそうな電子機器の箱があります。
This added an element of surprise to everything.	これはすべてに驚きを与えました。
Sorry I had to take that call, but it was an emergency.	すみませんが、非常事態だったため、電話を取らなければなりませんでした。
I had a brief encounter with her in the elevator.	エレベーターで彼女と少しの間居合わせました。
Even the most successful entrepreneur has experienced failure.	最も成功した起業家でさえ失敗を経験しています。

DAY 14 名　詞

0655	**equipment** [ikwípmənt]	名 装置 不可算名詞 関 be equipped with「～に備え付けられている」
0656	**evidence** [évədəns]	名 証拠 形 evident「明らかな」
0657	**excursion** [ikskə́ːrʒən]	名 遠足 類 retreat
0658	**experiment** [ikspérəmənt]	名 実験 形 experimental「実験の」
0659	**expertise** [èkspəːrtíːz]	名 専門能力 関 expert「専門家」
0660	**fabric** [fǽbrik]	名 布地 織ったり、編んだりした布を意味する。clothよりやや固い表現
0661	**factor** [fǽktər]	名 要因 類 element「要素」
0662	**feedback** [fíːdbæ̀k]	名 フィードバック 連 constructive feedback「建設的な意見」

The equipment was old and needed to be replaced.	その装置は古いので交換する必要があります。
All the evidence points to a misunderstanding.	すべての証拠は、誤解を物語っています。
Tomorrow's excursion will be to some local museums.	明日の遠足では、地元の美術館に行く予定です。
What do you think of our little experiment?	我々の簡単な実験についてどうお考えですか。
Brand marketing is his area of expertise.	ブランドマーケティングは、彼の専門分野です。
Could you reorder more of this fabric?	この布地をもっと再注文していただけませんか。
Time was a factor in the decision.	時間は、その決定における1つの要因でした。
We appreciate all feedback from our customers.	当社は、お客様からのすべてのご意見に感謝申し上げます。

No.	単語	意味
0663	**finding** [fáindiŋ]	名 (調査・研究) 結果 通常、複数形で使用される
0664	**fine** [fáin]	名 罰金 形 fine「元気な」
0665	**fuel** [fjúːəl]	名 燃料 類 energy「エネルギー」
0666	**function** [fʌ́ŋkʃən]	名 役目 形 functional「機能的な」
0667	**gadget** [gǽdʒi]	名 器具 関 gizmo「何とかいうあの機械」
0668	**gain** [géin]	名 利益 動 gain「得る」 類 profit, income「利益」
0669	**garment** [gáːrmənt]	名 衣服 類 attire「服装」
0670	**glance** [glǽns]	名 一瞥 動 glance「ちらりと見る」 熟 at a glance「一見すると」

The report's findings on future trends are similar to our own.	将来の傾向に関する、その報告書の結果は、我が社のものと類似しています。
He paid a small fine for parking in the wrong place.	彼は不適切な場所に駐車したため、少額の罰金を支払いました。
A big breakfast is like fuel for the rest of my day.	しっかりとした朝食が私の1日のエネルギー源です。
Every employee on our team has a function.	チームのすべての従業員に役割があります。
He's always buying the latest gadgets.	彼はいつも最新の器具を購入しています。
We have yet to make any gains in the youth market.	私たちは、若者の市場においてはまだ何も得ていません。
This garment should be washed carefully.	この衣服は、注意深く洗うべきです。
At a glance, the damage didn't look so bad.	一目見たところでは、ひどい損傷はなかった。

DAY 14　名　詞

0671	**honor** [ɑ́nər]	名 光栄 形 honorable「光栄な」 連 honor system「自己申告システム」
0672	**inconvenience** [ìnkənvíːnjəns]	名 不便 ⇔ convenience「便利」
0673	**individual** [ìndəvídʒuəl]	名 個人 形 individual「個人の」 副 individually「個別に」
0674	**influence** [ínfluəns]	名 影響 動 influence「影響を与える」 形 influential「影響のある」
0675	**insight** [ínsàit]	名 洞察力 形 insightful「洞察力のある」
0676	**instruction** [instrʌ́kʃən]	名 指示書 動 instruct「指示する」
0677	**length** [léŋkθ]	名 長さ 形 lengthy「長々とした」 熟 at length「ついに」
0678	**likelihood** [láiklihùd]	名 (起こりそうな) 見込み 形 likely「起こりそうな」 類 probability「かなりの可能性のある見込み」

It was an honor to work for you.	あなたのために仕事ができて光栄でした。
Transferring planes in Chicago was a great inconvenience.	Chicagoでの飛行機の乗り換えはとても不便でした。
All individuals are required to submit emergency contact information to management.	すべての個々人が、管理部に緊急連絡先の情報の提出を求められます。
His co-worker was a good influence on the group's attitude.	彼の同僚は、グループの態度に良い影響を与えました。
We'd like to hire you as a consultant as we value your insight.	我々は、あなたの洞察力を評価しているので、コンサルタントとして採用したいと思っております。
These instructions are too complicated to read.	これらの取扱説明書は、複雑すぎて読めません。
The length of time for app updates is usually very short.	アプリが更新される時間は、通常はとても短いです。
There is a strong likelihood that he will be chosen as the new CEO.	彼は新しいCEOとして選ばれる可能性が高いです。

0679	**makeover** [méikòuvər]	名 変革 類 renovation「改革」
0680	**manner** [mǽnər]	名 態度 関 a professional manner「プロらしい態度」
0681	**measurement** [méʒərmənt]	名 測定 動 measure「測定する」 形 measurable「測定可能な」
0682	**meteorologist** [mìtiərάlədʒist]	名 気象学者 = weather man / woman
0683	**mortgage** [mɔ́:rgidʒ]	名 住宅ローン = home loan
0684	**notice** [nóutis]	名 知らせ 動 notice「知らせる」 形 noticeable「目立った」
0685	**opportunity** [àpərtjú:nəti]	名 機会 連 job opportunity「仕事の機会」
0686	**option** [άpʃən]	名 選択肢 = choice 形 optional「選択の」

The company is planning a full makeover before the next fiscal year.	その会社は、次期会計年度がはじまる前に、全体的な変革を計画しているところです。
Please respond to clients' inquiries in a timely manner.	顧客の問い合わせには適時、回答してください。
We must go to the building site to do an accurate measurement.	我々は正確な測量のため、建設現場に行かなくてはなりません。
The top meteorologists have issued a warning about the storm.	一級の気象学者たちは、その嵐に関する警告を出しています。
Longer mortgages are becoming more common these days.	近頃、長期住宅ローンは、以前よりも一般的になってきています。
We need your advanced notice.	当社は、貴社からの事前連絡を要します。
Failure is an opportunity to learn something.	失敗は何かを学ぶための機会です。
Starting over is our only option right now.	やり直すことが、今の我々の唯一の選択肢です。

No.	単語	意味
0687	**patience** [péiʃəns]	名 忍耐 形 patient「忍耐力のある」
0688	**permit** [pə́ːrmit]	名 許可証 permission「許可」は抽象名詞のため、不可算名詞
0689	**persistence** [pərsístəns]	名 根気強さ 形 persistent「粘り強い」
0690	**perspective** [pərspéktiv]	名 見方 連 fresh perspective「新鮮なものの見方」
0691	**phase** [féiz]	名 側面 熟 in phases (=in steps)「段階的に」
0692	**population** [pàpjəléiʃən]	名 人口 統計では「母集団」という意味
0693	**possibility** [pàsəbíləti]	名 可能性 形 possible「可能な」
0694	**precaution** [prikɔ́ːʃən]	名 用心 = alertness, attention

Thank you for your patience.	お待ちいただきありがとうございます。
We need a permit to be here.	ここにいるには許可証が必要です。
Persistence is usually a good trait.	通常根気強さは長所です。
You were invited here to provide a new perspective on the issue.	あなたはその案件に新たな視点を与えるためにここに招かれました。
Our construction is now in the final phase.	建設は現在、最終段階にいたっています。
Tokyo's population is still growing.	東京の人口はいまだに増加しています。
The possibility of today's flight being canceled is high.	今日のフライトはキャンセルの可能性が高いです。
She was taken to the hospital as a precaution.	彼女は念のため、病院に連れて行かれました。

DAY 15 名詞

0695	**predecessor**	[prédəsèsər]	名 先駆者	⇔ successor「後任者」
0696	**priority**	[praiɔ́:rəti | -ɔ́r-]	名 優先順位	動 prioritize「優先順位をつける」
0697	**procedure**	[prəsí:dʒər]	名 手続き	形 procedural「手続上の」
0698	**progress**	[prágrəs]	名 進歩	形 progressive「進歩的な」
0699	**proportion**	[prəpɔ́:rʃən]	名 割合	形 proportional「比例の」
0700	**prospect**	[práspekt]	名 見込み	形 prospective「見込みのある」 関 prospective customer「見込み客」
0701	**purpose**	[pə́:rpəs]	名 目的	熟 on purpose「故意に」
0702	**quality**	[kwáləti]	名 品質	⇔ quantity「量」

My predecessor gave me a lot of useful information about the job.	私の前任者は、その仕事についての多くの有益な情報を提供してくれました。
Somehow, management didn't give it top priority.	どういうわけか、経営陣はそれを最優先にしませんでした。
He was well aware of the procedure for the fire drill.	彼は消防訓練の手順をよく心得ていました。
Slowly but surely, progress is being made.	ゆっくりですが、確実に進歩しています。
A growing proportion of women want to work as long as possible.	できるだけ長く働きたいと思う女性の割合が増えています。
I am excited about the prospect of working for your company.	私は貴社で勤務することを楽しみにしています。
One purpose of afterwork get-togethers is to create better teamwork.	就労後の懇親会の目的の1つは、より良いチームワークをつくることです。
We spend quality time together.	我々は、充実した時間を一緒に過ごしました。

DAY 15 名 詞

0703	**reception** [risépʃən]	名 受付 連 reception desk「受付デスク」 関 receptionist「受付係」
0704	**refreshment** [refréʃmənt]	名 飲み物 類 beverage「飲み物」 動 refresh「リフレッシュする」
0705	**region** [ríːdʒən]	名 地域 形 regional「地域の」
0706	**representative** [rèprizéntətiv]	名 担当者 動 represent「代表する」
0707	**reputation** [rèpjətéiʃən]	名 評判 形 reputable「評判の」
0708	**reservation** [rèzərvéiʃən]	名 予約 = booking 動 reserve「予約する」
0709	**respect** [rispékt]	名 尊敬 形 respectful「恭しい、敬意を表する」
0710	**retail** [ríːteil]	名 小売り 関 wholesale「卸売り」

Travis was led into a pleasant reception area before his interview.	Travisは面接の前に快適な受付エリアに案内されました。
Refreshments can include alcohol at this year's company picnic.	今年の社内ピクニックでは飲食物にアルコールも含まれています。
The mountain region is home to many hot spring hotels.	山間部にはたくさんの温泉宿があります。
I'm meeting with a representative from the publisher today.	今日、出版社の担当者と会う予定です。
Your reputation certainly precedes you.	あなたの評判は確かに聞いております。
Hurry up! You know our reservation is for 8:00.	急いでください！ 私たちの予約が8時だということはご存知ですよね。
Respect your elders, is what they always say.	お年寄りを尊重しなさい、とは、いつも言われることです。
I worked in retail for almost two years before coming here.	私は、ここに来る前のほぼ2年間、小売業で働いていました。

DAY 15 名　詞

0711	**revolution** [rèvəlú:ʃən]	名 革命 形 revolutional「革命の」 副 revolutionally「革命的な」
0712	**reward** [riwɔ́:rd]	名 報酬 形 rewarding「報いられる」
0713	**routine** [ru:tí:n]	名 日課 形 routine「いつもの」 副 routinely「いつものように」
0714	**security** [sikjúərəti]	名 安全 形 secure「安全な」 動 secure「安全にする」
0715	**solution** [səlú:ʃən]	名 解決 動 solve「解決する」
0716	**statement** [stéitmənt]	名 明細書 「声明」という意味もある 動 state「述べる」 連 financial statements「財務諸表」
0717	**status** [stéitəs]	名 状態 連 status quo「現状」
0718	**stock** [sták]	名 在庫 類 inventory「(会計用語) 在庫」

The Internet created a revolution in the way we communicate with each other.	インターネットは相互の意思疎通方法に革命を起こしました。
Hard work is its own reward.	懸命な仕事はそれ自体が報いです。
My evening routine includes reading a book before bed.	私の夜の日課は就寝前の読書も含みます。
The new security system didn't recognize her thumbprint.	新しいセキュリティーシステムは彼女の親指の指紋を認識しませんでした。
I have a solution that just might work.	うまくいくと思われる解決策があります。
If all statements on the form are true, please sign at the bottom.	その用紙のすべての申告に間違いがなければ、以下に署名をお願いいたします。
Please update me with the status of the shipment.	発送状況を教えてください。
I believe this brand is no longer in stock.	このブランドは、もう在庫がないと思います。

名　詞

0719	**strength** [stréŋkθ]	名 強み ⇔ weakness「弱み」
0720	**toast** [tóust]	名 乾杯 動 toast「乾杯する」 熟 make a toast「乾杯する」
0721	**usher** [ʌ́ʃər]	名 案内役 熟 usher in「案内して通す」
0722	**vehicle** [víːəkl]	名 車両 「媒体、伝達手段」の意味も重要 連 vehicle currency「基軸通貨」
0723	**venue** [vénjuː]	名 会場 = place

My true strength lies in my ability to work well with others.	私の真の強みは、他者と協働する能力です。
I'd like to propose a toast.	私が乾杯の音頭をとりたいと思います。
The usher led the couple to their seats.	案内係は、そのカップルを座席まで連れて行きました。
The vehicles were all parked in a row.	車両はすべて一列に駐車されていました。
The venue for the farewell party has yet to be decided.	送別会の会場はまだ決定されていません。

DAY 15 形容詞・副詞

No.	単語	意味
0724	**abundant** [əbʌ́ndənt]	形 豊富な 類 plentiful「豊富な」 名 abundance「豊富」 副 abundantly「豊富に」
0725	**accomplished** [əkámpliʃt]	形 熟練した 名 accomplishment「成就」 動 accomplish「成し遂げる」
0726	**accordingly** [əkɔ́ːrdiŋli]	副 それに応じて 「従って」という接続詞的な意味も重要 類 consequently, therefore, thus
0727	**additional** [ədíʃənəl]	形 追加の 名 addition「追加」副 additionally「さらに」動 add「加える」
0728	**anonymous** [ənánəməs]	形 匿名の 連 an anonymous letter「匿名の手紙」副 anonymously「匿名で」
0729	**appropriate** [əpróupriət]	形 適切な = proper 副 appropriately「適切な」
0730	**artificial** [àːrtifíʃəl]	形 人工的な 副 artificially「人工的に」 連 artificial intelligence (AI)「人工知能」
0731	**available** [əvéiləbl]	形 入手可能な 「都合がつく」という意味も重要 名 availability「利用可能性」

There is abundant evidence that Mike is innocent.	Mikeが無実だという十分な証拠があります。
He was an accomplished patissier at a young age.	彼は若くして熟練した菓子職人でした。
He's an expert in advertising and is paid accordingly.	彼は広告業界の専門家で、それ相応の報酬が支払われています。
We may need additional information upon request.	ご要望に応じて、追加情報が必要になるかもしれません。
The money was donated by a famous athlete who wishes to remain anonymous.	そのお金は、匿名を希望する有名なスポーツ選手によって寄付されました。
This content is not appropriate for this audience.	この内容は、この聴衆には適切ではありません。
We avoid the use of artificial ingredients.	我々は、人工的な材料の使用を避けております。
The latest model is available in a range of colors.	最新のモデルが、幅広い色で入手可能です。

No.	単語	意味・関連語
0732	**aware** [əwéər]	形 気付く 名 awareness「認識」 熟 be aware of「～に気が付いている」
0733	**barely** [béərli]	副 かろうじて 「ほとんど～ない」の意味も重要 類 hardly
0734	**capable** [kéipəbl]	形 有能な = competent 類 talented「才能ある」 名 capability「能力」
0735	**chemical** [kémikəl]	形 化学の 名 chemistry「化学」
0736	**complex** [kampléks]	形 複雑な 名 complexity「複雑さ」 名 complex「複合施設」
0737	**complimentary** [kàmpləméntəri]	形 無料の = free, free of charge, on the house「(店のおごりで) 無料」
0738	**concerned** [kənsə́rnd]	形 懸念している 動 concern「懸念する」 名 concern「懸念」 熟 be concerned about「～について懸念している」
0739	**concise** [kənsáis]	形 簡潔な 副 concisely「簡潔に」 名 conciseness「簡潔さ」

I wasn't aware that she was our new boss.	彼女が我々の新しい上司とは気が付きませんでした。
He barely started his job.	彼は、仕事をはじめたばかりです。
He's a very capable leader.	彼はとても有能なリーダーです。
Chemical changes in the brain occur when we smell something nice.	私たちが良い香りをかいだとき、脳内で化学変化が起こります。
Her new company has a complex organizational structure.	彼女の新しい会社の組織構造は、複雑です。
The drinks at the office party will be complimentary.	オフィスパーティでのドリンクは、無料の予定です。
Dave was concerned that we didn't meet this month's quota.	Daveは、我が社が今月のノルマを達成できなかったことを気にかけていました。
In your interview, give clear and concise answers to all questions.	面接試験では、すべての質問に対して明確かつ簡潔に回答してください。

No.	見出し語	意味
0740	**confident** [kάnfidnt]	形 自信のある = convinced 名 confidence「自信、信頼」
0741	**confidential** [kὰnfidénʃəl]	形 機密な 名 confidentiality「守秘義務」
0742	**considerable** [kənsídərəbl]	形 かなりの 副 considerably「かなり」 類 significant, substantial
0743	**contemporary** [kəntémpərèri]	形 現代の 類 modern「近代の」
0744	**content** [kɑntént]	形 満足の 名「内容」という意味も重要 名 content「満足」
0745	**critical** [krítikəl]	形 とても重要な 「批判的な」という意味も重要 副 critically「決定的に、批判的に」
0746	**current** [kə́:rənt]	形 現在の 副 currently「現在は」
0747	**cutting-edge** [kʌ́tiŋedʒ]	形 最新の = state-of-the-art, leading-edge

I'm confident we'll meet our sales target.	私は、我が社が売上目標を達成する自信があります。
All personal information will be treated as confidential.	すべての個人情報は機密事項としてお取り扱いいたします。
I thought her argument had considerable merit.	彼女の主張は、とても理にかなっていると思いました。
Contemporary art can be difficult to understand.	現代アートは、理解しがたいです。
Repeat business comes from clients who are happy and content.	リピートビジネスは、満足している顧客から生まれます。
The information is critical for many investors.	その情報は、多くの投資家にとってとても重要です。
You should constantly be aware of current trends.	あなたは、その時その時の傾向を常に把握しておくべきです。
Japan is known for its cutting-edge technology.	日本は、最先端技術で知られています。

No.	見出し語	意味
0748	**definitely** [défənətli]	副 間違いなく 形 definite「明確な」
0749	**delighted** [diláitid]	形 喜んで = glad, happy, pleased 類 delightful「楽しい」 名 delight「喜び」
0750	**dependable** [dipéndəbl]	形 頼りになる = reliable 動 depend「頼る」
0751	**designated** [dézignèitid]	形 指定された 連 DH（designated hitterの略）「指名打者」
0752	**diligent** [dílidʒənt]	形 勤勉な = hard-working 副 diligently「勤勉に」 名 diligence「勤勉」
0753	**dramatic** [drəmǽtik]	形 劇的な 副 dramatically「劇的に」
0754	**durable** [dúərəbl | djúər-]	形 耐久力のある = sturdy 名 durability「耐久性」
0755	**eco-friendly** [ì:koufréndli]	形 環境に優しい 類 green「環境保護主義の」

You're definitely my favorite coworker.	あなたは間違いなく私の好きな同僚です。
I'm delighted to announce that Wendy is our employee of the month.	Wendyが月間従業員賞を受賞することを喜んで発表させていただきます。
An ideal team member would be easy-going and dependable.	理想的なチームメンバーとは、気さくで頼りになるような人たちです。
Please sit in the designated area.	指定された場所にお座りください。
Jake is always extremely diligent in preparing for meetings.	Jakeは、いつも会議の準備をとても入念に行います。
There has been a dramatic change in how people communicate with each other.	人々のコミュニケーションの取り方に劇的な変化がありました。
I'm looking for some durable boots.	私は長持ちするブーツを探しています。
The company has gone with a more eco-friendly approach.	その会社は、より環境に優しい手法を選んでいます。

形容詞・副詞

0756	**economical** [èkənάmikəl]	形 経済的な 形 economic「経済の」
0757	**effective** [iféktiv]	形 効果的な 副 effectively「効果的に」
0758	**efficient** [ifíʃənt]	形 効率的な 名 efficiency「効率」 副 efficiently「効率的に」
0759	**embarrassing** [imbǽrəsiŋ]	形 当惑させる 動 embarrass「当惑させる」 名 embarrassment「当惑」
0760	**entire** [entáiər]	形 全体の 連 entire audience「聴衆全体」
0761	**essential** [isénʃəl]	形 必要不可欠な 副 essentially「本質的に」
0762	**exactly** [igzǽktli]	副 正確に 形 exact「正確な」
0763	**exceptional** [iksépʃənəl]	形 卓越した 大学の成績では「秀」に相当する 副 exceptionally「並外れて」

We need to find a more economical method.	我が社は、より経済的な方法を見出す必要があります。
This is not the most effective way.	これは最も効果的な方法ではありません。
He has an efficient way of working.	彼は効率的に仕事をしっています。
The embarrassing gaffe was costly for the company.	その見苦しい失態は、会社にとって大きなツケとなりました。
We've spent the entire day in meetings.	我々は、会議に丸1日費やしました。
Remembering people's names is essential when networking.	人の名前を覚えることは、人脈作りに必要不可欠です。
I don't know exactly where it is.	それがどこにあるのか、私は正確には知りません。
She showed an exceptional talent for public speaking.	彼女は、演説で類稀なる才能を発揮しました。

No.	単語	意味・関連語
0764	**exclusive** [iksklúːsiv]	形 唯一の 連 exclusive right「独占権」 連 exclusive contract「独占契約」 連 exclusive hotel「高級ホテル」
0765	**existing** [igzístiŋ]	形 現存の 動 exist「存在する」
0766	**experienced** [ikspíəriənst]	形 経験のある 名 experience「経験」 連 experienced teacher「経験豊富な先生」
0767	**extensive** [iksténsiv]	形 広範囲の 副 extensively「広範囲に」
0768	**external** [ikstə́ːrnəl]	形 外部の ⇔ internal「内部の」 副 externally「外部で」
0769	**fascinating** [fǽsənèitiŋ]	形 魅力的な 動 fascinate「魅了する」 形 fascinated「魅了された」 名 fascination「魅力」
0770	**favorable** [féivərəbl]	形 好ましい ⇔ unfavorable「好ましくない」 副 favorably「好意的に」
0771	**flexible** [fléksəbl]	形 柔軟性のある 名 flexibility「柔軟性」 副 flexibly「柔軟に」

Our hotel has exclusive access to the beach.	我々のホテルには、ビーチへの唯一の通路があります。
Our existing methods of production are highly inefficient.	我々の現存の生産方法は、かなり効率が悪いです。
We're looking for someone experienced in online sales.	我が社は、オンラインセールスの経験がある人材を探しています。
He has an extensive knowledge of the company.	彼は、その会社についての知識が豊富です。
Today's meeting will have an external observer present.	今日の会議には外部のオブザーバーが出席します。
I find talking with children endlessly fascinating.	私は、子どもたちと話すことに、無限の魅力があると気付きました。
Do you foresee a favorable outcome?	あなたは好ましい結果を予見していますか。
My schedule is flexible this afternoon.	私の午後の予定は、融通が利きます。

No.	単語	意味
0772	**frequent** [fríːkwənt]	形 頻繁な 名 frequency「頻度」 副 frequently「頻繁に」
0773	**furthermore** [fə́ːrðərmɔ̀ːr]	副 さらに = moreover
0774	**general** [dʒénərəl]	形 大まかな 副 generally「一般的に」
0775	**generous** [dʒénərəs]	形 寛大な 副 generously「寛大に」
0776	**however** [hauévər]	副 たとえどんなに～でも 類 even though, even if「たとえ～だとしても」
0777	**immediate** [imíːdiət]	形 すぐの 副 immediately「すぐに」
0778	**increasingly** [inkríːsiŋli]	副 ますます ⇔ decreasingly「減少した」 動 increase「増加する」
0779	**in-house** [ínhaus]	形 社内の 連 in-house newsletter「社内報」

Her surprise visits are becoming less frequent.	彼女の突然の訪問の頻度は減っています。
He's not interested in the position, and furthermore, I don't think he'd be good at it.	彼はその職に興味がなく、さらに、それに向いているとも私には思えません。
At orientation, you'll get a general overview of the structure of the organization.	オリエンテーションでは、組織構造の概要がわかるでしょう。
The boss shows his generous side around the holidays.	上司は、休暇取得には寛大な構えを見せています。
However difficult the task is, I'd still like to give it my best.	その業務がどんなに困難であっても、私は全力で取り組みます。
Her response to the job offer was immediate.	採用通知に対する彼女の反応は迅速でした。
Management is becoming increasingly frustrated with our sales results.	経営陣は、当社の営業成績にますます苛立ちを募らせています。
The design of the brochure will all be done in-house.	その小冊子のデザインは、内部で行う予定です。

No.	単語	意味
0780	**initial** [iníʃəl]	形 当初の 副 initially「最初のうちは」
0781	**innovative** [ínəveitiv]	形 革新的な 名 innovation「革新」
0782	**last-minute** [lǽsmìnit]	形 直前の 類 short-notice「ギリギリの」
0783	**likewise** [láikwàiz]	形 同様に = equally
0784	**limited** [límitid]	形 限られた 名 limitation「限界」 連 limited edition「限定版」
0785	**loyal** [lɔ́iəl]	形 忠実な 名 loyalty「忠誠心」
0786	**lucrative** [lú:krətiv]	形 利益の上がる = profitable
0787	**maximum** [mǽksəməm]	形 最大限の ↔ minimum「最小限の」

My initial response was to say no to his proposal.	私は当初、彼の提案に反対でした。
The shop has a range of innovative home security devices.	その店には革新的なホームセキュリティー装置があります。
Any last-minute changes need to be done now.	いかなる直前の変更でも、今すぐに実施される必要があります。
Ken is our good friend and likewise our boss.	Kenは私たちの良き友人であり、また上司でもあります。
This offer is for a limited time only.	この提案は期間限定です。
The two-for-one sale is a reward for our loyal customers.	2個買ったら1個おまけが付いてくるキャンペーンは常連客への恩賞です。
His new venture proved to be very lucrative.	彼の新たなベンチャービジネスは、とても儲かると証明されました。
For maximum benefit, take the medicine after a meal.	最大限の効用を得るために、その薬は食後に内服してください。

形容詞・副詞

No.	単語	意味
0788	**meanwhile** [míːnhwàil]	副 その間に 「2つのことが起こるその間に」というときに使用する
0789	**memorable** [mémərəbl]	形 記憶に残る 名 memory「記憶」
0790	**moderately** [mádəritli]	副 少し 「適度に」「穏やかに」の意味も重要 形 moderate「適度な、穏やかな」
0791	**modest** [mádəst]	形 控えめな 副 modestly「控えめに」
0792	**motivated** [móutəveitid | mə́utəveitid]	形 動機付けされた 動 motivate「動機付けする」 名 motivation「動機付け」
0793	**multiple** [mʌ́ltəpl]	形 複数の 連 multiple choice「多肢選択」
0794	**mutual** [mjúːtʃuəl]	形 相互の 副 mutually「お互いに」
0795	**nevertheless** [nèvərðəlés]	副 にもかかわらず = however, even so

The bus won't leave for half an hour. Meanwhile, we could have lunch.	バスの発車まで30分あります。その間に、ランチを食べることができます。
It was a truly memorable experience.	それは実に記憶に残る経験でした。
Our profits from this quarter are moderately good, but could be better.	我が社の、この四半期の収益はまずまずですが、もっと良くすることが可能です。
They charged a relatively modest fee.	彼らは比較的控えめな料金を請求しました。
Our staff don't seem to be motivated at this time of year.	この時期には、我が社のスタッフはやる気が出ないようです。
We need to compare market prices with multiple competitors.	当社は複数の競合他社と市場価格を比較する必要があります。
They have mutual respect for each other.	彼らはお互いに尊敬し合っています。
The project seems daunting, but nevertheless we're expected to finish it soon.	そのプロジェクトは困難なようですが、にもかかわらず、我が社はそれをすぐに終わらせることを期待されています。

DAY 17 形容詞・副詞

No.	単語	意味
0796	**notable** [nóutəbl]	形 注目すべき 副 notably「特に」 熟 be notable for「～で有名な」
0797	**numerous** [nú:mərəs | njú:-]	形 たくさんの ＝ many, a lot of
0798	**obvious** [ábviəs]	形 明白な 副 obviously「明白に」
0799	**occasionally** [əkéiʒənəli]	副 時々 名 occasion「機会」 形 occasional「時々の」
0800	**optimistic** [àptəmístik]	形 楽観的な ⇔ pessimistic「悲観的な」 名 optimism「楽観主義」
0801	**outdated** [àutdéitid]	形 時代遅れの ＝ obsolete
0802	**particular** [pərtíkjələr]	形 特定の 副 particularly「特に」 熟 in particular「特に」
0803	**positive** [pázətiv]	形 積極的な ⇔ negative「否定的な」 類 proactive「率先した」

A notable feature of the theater is its stained glass.	その劇場の注目すべき特徴は、ステンドグラスです。
There are numerous ways to go downtown.	繁華街に行く方法は多数あります。
In hindsight, the answer was so obvious.	あとから考えてみると、答えはとても明白でした。
You should occasionally stand up from your desk.	あなたは時々デスクから立ち上がるべきです。
We're very optimistic about our chances of winning.	我々は、勝機についてとても楽観的です。
Many of our office's work policies seem outdated.	当事務所の就労規則の多くが、時代遅れのようです。
Is there one particular restaurant you would recommend?	あなたが特におすすめのレストランはありますか。
She decided to be more positive at work.	彼女は仕事においてもっと積極的になろうと決めました。

形容詞・副詞

No.	見出し語	意味・関連語
0804	**potential** [pəténʃəl]	形 潜在的な 名 potentiality「潜在性」
0805	**practical** [prǽktikəl]	形 実用的な 名 practice「実施」 動 practice「練習する」 副 practically「実質的に」
0806	**prestigious** [prestídʒiəs]	形 一流の 「名誉ある」の意味も重要 連 prestigious award「名誉ある賞」 名 prestige「名声」
0807	**previous** [príːviəs]	形 以前の 副 previously「以前」 連 previous year「前年」
0808	**prompt** [prάmpt]	形 迅速な 類 immediate「すぐに」 副 promptly「素早く」
0809	**protective** [prətéktiv]	形 保護の 連 protective clothing「防護服」 動 protect「保護する」 名 protection「保護」
0810	**reasonable** [ríːznəbl]	形 手ごろな = affordable「手に入れやすい」 副 reasonably「合理的に」
0811	**relatively** [rélətivli]	副 比較的 名 relation「関係」 形 relative「関係の」

I'm not using my computer to its full potential.	私は、パソコンのすべての機能を使いこなせていません。
We should make the content more practical for the audience.	我々は観客のために内容をもっと実践的なものにするべきです。
Most of our employees have graduated from prestigious schools.	我が社の従業員のほとんどは、一流大学を卒業しています。
The previous location was downtown.	以前の場所は繁華街にありました。
Thank you for being so prompt with your reply.	迅速なお返事をありがとうございます。
I'm a little protective about the new group of interns.	私は新しいインターンのグループに、少し過保護になっています。
Even with tax and fees, the hotel price is reasonable.	税金と諸費用を含めても、そのホテルの料金は手ごろです。
The new computer system is relatively easy to use.	新しいコンピュータシステムは比較的利用しやすいです。

DAY 17 形容詞・副詞

0812 **reliable** [riláiəbl]	形 信頼できる = dependable 名 reliability「信頼性」
0813 **remarkable** [rimá:rkəbl]	形 注目すべき 副 remarkably「著しく」 動 remark「コメントする」
0814 **remote** [rimóut]	形 わずかな remote「遠く離れた」の意味も重要
0815 **respectively** [rispéktivli]	副 それぞれ 形 respective「それぞれの」
0816 **reverse** [rivə́:rs]	形 反対の 類 reversible「反対にできる」
0817 **seldom** [séldəm]	副 めったに～でない 連 not seldom「しばしば」
0818 **severe** [sivíər]	形 厳しい 副 severely「厳しく」
0819 **sharply** [ʃá:rpli]	副 著しく 形 sharp「鋭い」

I want a reliable car, nothing flashy.	私は、派手な車ではなく信頼できる車がほしいです。
He has a remarkable memory for his age.	彼は年齢の割には、並外れた記憶力があります。
If you hurry, there's a remote chance you can catch him before he leaves.	急いでいるのであれば、彼が出発する前に彼を捕まえる、わずかなチャンスがあります。
He has a son and daughter, aged 5 and 7 respectively.	彼には息子と娘がいて、それぞれ5歳と7歳です。
Please look on the reverse side.	裏側も見てください。
He seldom arrives late to work.	彼は、めったに仕事に遅刻しません。
A severe snowstorm closed most of the highways.	ひどい吹雪でほとんどの高速道路は閉鎖されました。
Profits have fallen sharply due to the tax increase.	増税のため、利益が著しく落ち込んでいます。

形容詞・副詞

0820	**significant** [signífikənt]	形 重要な 名 significance「重要」 副 significantly「かなり」
0821	**specific** [spəsífik]	形 特定の 副 specifically「とりわけ」
0822	**state-of-the-art**	形 最新の 連 state-of-the-art facility「最新鋭の施設」
0823	**strikingly** [stráikiŋli]	副 驚くほど 形 striking「衝撃的な」
0824	**substantial** [səbstǽnʃəl]	形 相当な 連 substantial amount of time「かなりの時間」
0825	**sufficient** [səfíʃənt]	形 十分な 副 sufficiently「十分に」
0826	**surrounding** [səráundiŋ]	形 周辺の 動 surround「囲む」 名 surroundings「周辺」
0827	**tentative** [téntətiv]	形 仮の 副 tentatively「仮で」

He is seen as a significant figure in politics.	彼は政界の重要人物として知られています。
Be more specific about what you want.	あなたがほしいものについて、もっと具体的にお願いします。
The security in this building is state-of-the-art.	この建物のセキュリティーは最先端です。
The CEO's speech was strikingly similar to last year's.	CEOの挨拶は、驚くほど昨年のものに似ていました。
Your contribution to the group was substantial.	あなたのグループへの貢献は、甚大なものでした。
Do you think this is a sufficient amount?	これは十分な量だと思いますか。
Alice is in charge of sales for the whole city and surrounding area.	Aliceは市全体と周辺地域の営業担当です。
These plans are just tentative for now.	これらの計画は今のところ仮の状況です。

形容詞・副詞

No.	単語	意味
0828	**tight** [táit]	形 厳しい 連 tight schedule「厳しいスケジュール」 tight budget「緊縮予算」
0829	**ultimately** [ʌ́ltəmətli]	副 結局 形 ultimate「最後の」
0830	**unanimous** [juːnǽnəməs]	形 全員一致で ⇔ split「意見が分かれて」
0831	**unfortunately** [ʌnfɔ́ːrtʃənətli]	副 残念ながら 形 unfortunate「残念な」
0832	**upcoming** [ʌ́pkʌ̀miŋ]	形 来たるべき 連 upcoming meeting「来たるべき会議」
0833	**various** [véəriəs]	形 様々な 関 a variety of「様々な～」
0834	**visible** [vízəbl]	形 見える ⇔ invisible「見えない、目立たない」 「目立つ」という意味もある

We're working on a very tight schedule.	我々はとてもハードなスケジュールで仕事をしています。
The committee ultimately adopted the new proposals.	委員会は結局、新しい提案を採用しました。
In a unanimous vote, the board decided on the new CEO.	満場一致で､委員会は新任のCEOを決定しました。
Unfortunately, it rained the day of the BBQ.	残念ながら、バーベキューの日は雨でした。
We need to discuss the upcoming product launch.	来たる新製品発売について、話し合う必要があります。
There are various restaurants nearby.	近くにはいろいろなレストランがあります。
Our company logo should be clearly visible on the side of our building.	我が社のロゴは、建物の脇にはっきりと見えるはずです。

DAY 17 接続詞・前置詞

0835	**although** [ɔːlðóu]	接 ～にもかかわらず ＝ though 関 in spite of, despite「(後ろに句) にもかかわらず」
0836	**besides** [bisáidz]	前 ～に加えて ＝ in addition to, apart from 関 beside「～の近くに」という意味の前置詞
0837	**concerning**	前 ～に関して ＝ about, regarding
0838	**consequently** [kánsəkwèntli]	接 その結果 名 consequence「結果」 形 consequent「結果として起こる」
0839	**considering** [kənsídəriŋ]	接 ～を考慮すると 前 considering「～の割には」(例：considering his age「彼の年齢の割には」
0840	**now that**	接 今や～なので ＝ because, since, as
0841	**once** [wʌ́ns]	接 ～するとすぐに ＝ as soon as 副 once「1回、1度」
0842	**provided that**	接 ～という条件で ifより強く、providingよりフォーマルな表現

Although the next assignments are really challenging, it'll be rewarding work.	次の業務はとても難しい仕事ですが、充実した仕事になるでしょう。
Besides being a good manager, I also think of him as a good friend.	彼は、優れた管理者であり、そして良い友人でもあります。
The new recruit asked many questions concerning the future of the company.	新入社員は、会社の将来に関する多くの質問をしました。
My car broke down and consequently I missed the meeting.	車が故障したため、私は会議に出席できませんでした。
Considering how much work you've done, why not take tomorrow off.	多くの仕事を終えたことですし、明日休暇をとってはいかがですか。
The atmosphere of the office is fun now that our boss was transferred.	上司が異動になったので、事務所の雰囲気は楽しいです。
Call me once you get back to your office.	事務所に戻ったらすぐに、私に電話してください。
You can use the company cell phone, provided that it's for business purposes.	業務目的であれば、会社の携帯電話を使用できます。

DAY 17 接続詞・前置詞

0843	**providing** [prəváidiŋ]	接 〜であるとすると if より強く、provided that より カジュアルな表現
0844	**unless** [ənlés]	接 もし〜しなければ = if〜not
0845	**whenever** [*h*wenévər]	接 いつでも 副 whenever「いったいいつ」(when の強調)
0846	**whereas** [hwèəræ̀z]	接 〜する一方で = while
0847	**wherever** [*h*wεərévər]	接 どこにでも 副 wherever「いったいどこに」(where の強調)

Your travel expenses will be reimbursed, providing that you have receipts.	領収書があれば、旅費を清算できます。
Unless there's a special event, we usually dress casually at work.	特別なイベントがなければ、私たちは職場では通常は平服です。
Swing by the office today whenever you find the time.	今日、時間があるときに事務所に寄ってください。
Tim's a numbers guy, whereas Jennifer is more suited for public relations.	Jenniferは広報に向いている一方、Timは数字に強いです。
Just put the heavy boxes down wherever you want.	その重い箱は、置きたいところに置いておいてください。

DAY 18 イディオム

0848	**a couple of**	2～3の 名 couple「カップル」 関 a number of「多くの」
0849	**a variety of**	さまざまな 関 a wide variety of「幅広い種類の」
0850	**according to**	～によると 「～通りに」の意味もある according to schedule「スケジュール通りに」
0851	**account for**	割合を占める 「説明する」の意味もある 名 account「口座、顧客、得意先」
0852	**afford to**	～する余裕がある 否定文で使われることが多い
0853	**as of**	～付で 連 as of today「今日付で」
0854	**as soon as possible**	できるだけ早く ＝ at one's earliest convenience (as soon as possibleより丁寧な表現) 略 ASAP
0855	**as well as**	～も同様に A as well as B「BのみならずAも」

She'll be back at work in a couple of weeks.	彼女は数週間で仕事に戻るでしょう。
A variety of costumes are hanging on racks.	さまざまな種類の衣装がラックに掛けられています。
According to these latest figures, the economy is doing well.	これらの最新の数値によると、景気は上昇中です。
Our auto company accounts for more than 40 percent in Indonesia.	我が自動車会社は、インドネシアで4割以上の市場占有率があります。
Ron told me he can't afford to buy a new car.	Ronは新しい車を買う余裕がないと私に言いました。
You'll be promoted to new project manager, as of July 1.	あなたは、7月1日付で、新しいプロジェクトマネージャーに昇進予定です。
You should call a client back as soon as possible.	できるだけ早くクライアントに電話をかけ直すべきです。
As well as being popular with his coworkers, he is respected by management.	彼は、同僚に人気があるばかりでなく、経営者からも評価されています。

DAY 18 イディオム

No.	見出し	意味・解説
0856	**be about to**	～しようとする 何かをする直前の様子を表す
0857	**be dedicated to**	献身的である toのあとは、動名詞または名詞が続く 名 dedication「献身」
0858	**be devoted to**	専念する toのあとは、動名詞または名詞が続く = be committed to, be dedicated to
0859	**be eager to**	～することを熱望する 副 eagerly「熱心に」
0860	**be eligible to**	～の資格がある = be entitled to 類 be eligible for ～「～の資格がある」
0861	**be expected to**	～を求められる = be projected to, be anticipated to 「予想される」の意味も大切
0862	**be familiar with**	精通している 名 familiarity「よく知っていること」
0863	**be likely to**	～しそうである 可能性の高さはprobable > likely > possibleの順

You may be about to face your biggest challenge.	あなたは、まさに高い壁に直面するところかもしれません。
She's completely dedicated to her job.	彼女は誠心誠意、仕事に打ち込んでいます。
We should be more devoted to our project.	我々はもっとプロジェクトに専念すべきです。
She was eager to get back to work as soon as possible.	彼女はできるだけ早く仕事に復帰したがっていました。
We're eligible to receive a pension at 65.	私たちは65歳から年金を受給する資格があります。
The successful applicant will be expected to travel extensively.	採用者は、広域に渡って出張することが求められます。
I'm not very familiar with the transportation system here.	私はここの交通システムについてあまり詳しくありません。
John's likely to submit his resignation sometime today.	Johnは今日中に辞表を提出しそうです。

DAY 18 イディオム

0864 □□	**be opposed to**	～に反している toのあとは、動名詞または名詞が続く 動 oppose「反対する」
0865 □□	**be proud to**	～を誇りにしている 関 pride oneself「自負する」
0866 □□	**be satisfied with**	～に満足している 類 be pleased with「気に入る」
0867 □□	**be subject to**	～する可能性がある toのあとは、動名詞または名詞が続く
0868 □□	**be supposed to**	～することになっている 動 suppose「思う」
0869 □□	**be used to**	慣れている toのあとは、動名詞または名詞が続く
0870 □□	**be willing to**	進んで～する 「ある条件によっては、進んで～する」という意味
0871 □□	**behind schedule**	予定より遅れて ⇔ ahead of schedule「予定より早まって」 関 on schedule「予定通り」

Henry was vehemently opposed to the new system.	Henryは新しいシステムに猛烈に反対していました。
I, myself, would be proud to receive such an award.	私自身、このような賞を受賞したことを誇りに思っております。
The pianist was not satisfied with her performance tonight.	そのピアニストは、彼女の今夜の演奏に満足していませんでした。
Any transactions will be subject to the new regulations.	いかなる取引も、新しい規制の対象になる可能性があります。
Newspapers are supposed to be politically neutral.	新聞は政治的に中立的な立場であることになっています。
He is used to working overseas.	彼は海外勤務に慣れています。
No one would be willing to undertake such a job.	誰もそのような仕事を喜んで引き受けようとしません。
Due to being short-staffed, we're behind schedule.	人員不足で、私たちは予定より遅れています。

DAY 18 イディオム

0872	**by accident**	偶然に ⇔ on purpose「わざと」 副 accidentally「偶然に」
0873	**by mistake**	誤って = mistakenly
0874	**call off**	中止する = cancel
0875	**carry out**	実行する = perform, implement 関 execute「遂行する」
0876	**come up with**	アイデアなどを思い付く 「～に追い付く」の意味もある 関 keep up with「遅れずに着いて行く」
0877	**compared with**	～と比較すれば 名 comparison「比較」
0878	**consist of**	～を構成している = be composed of
0879	**deal with**	対処する = cope with, handle, address

Leaning against the wall, I turned off the lights in the room by accident.	壁にもたれかかっていたので、私はうっかり部屋の電気を消してしまいました。
Carrie labeled the document 'confidential' by mistake.	Carrieは、誤って文書に'機密'とラベル付けしました。
The politician decided to call off the press conference.	その政治家は記者会見を中止することに決めました。
Our factory regularly carries out a check-up for all workers.	当工場は、全作業員に対し、定期的な健康診断を実施しています。
We need to come up with a plan B, ASAP.	我々は、なるべく早く第二案を考え出す必要があります。
Compared with New York City, hotels here are reasonable.	New York市のホテルと比較すると、ここは手頃な値段です。
Ideally, the project team should consist of at least one newbie.	理想としては、プロジェクトチームには少なくとも1人の初心者を入れるべきです。
She has a lot of customer complaints to deal with at the moment.	彼女には、すぐに対処すべき顧客からのクレームがたくさんあります。

DAY 18 イディオム

0880	**depend on**	～次第である 関 It depends.「状況次第」
0881	**dispose of**	処分する 名 disposal「処理」熟 at one's disposal「任意の」関 get rid of「～を取り除く」
0882	**distinguish from**	～と区別する 形 distinguished「卓越した」
0883	**draw up**	～を作成する = make
0884	**due to**	～の理由で = owing to, because of be due to do「～することになっている」の意味も重要
0885	**either A or B**	AかBのどちらか ⇔ neither A nor B「AもBもどちらも～でない」
0886	**even though**	たとえ～であるにもかかわらず = although 接続詞として使われる
0887	**feel like ~ing**	～したい気分である = up for (I'm up for ...)

My weekend plans will depend on the weather forecast.	私の週末の計画は天気予報次第です。
The disposing of plastics has become a global concern.	プラスチックの廃棄は地球規模での懸念になっています。
Fake bags may be difficult to distinguish from real ones.	偽物のかばんと本物とを見分けるのは難しいかもしれません。
I've been asked to draw up a schedule for orientation.	私はオリエンテーションのスケジュールを立てるよう頼まれました。
The event has been postponed indefinitely due to a lack of interest.	そのイベントは、十分な関心が得られなかったため、無期限の延期になりました。
We can either stay late and work on it or come in on the weekend.	私たちは、遅くまで残業するか、週末に出勤して働くことができます。
They work in the same department, even though they are husband and wife.	彼らは夫婦ですが、同じ部署で働いています。
I feel like going out with everyone after work.	仕事帰りにみんなで出かけたい気分です。

DAY 18 イディオム

0888	**for instance**	例えば = for example
0889	**for the time being**	しばらくの間 関 for now「さしあたり」
0890	**get along with**	～と上手くやっていく = get on with
0891	**go through**	(法案が) 可決する 「経験する」「通過する」の意味もある
0892	**hand in**	提出する = submit
0893	**have nothing to do with**	～とは何の関係もない ⇔ have something to do with「～と何かしらの関係がある」
0894	**have yet to**	まだ～していない yet「まだ」は、完了形の中で否定の意味を表す (肯定文ならalreadyを使用)
0895	**highly regarded**	高く評価されている regard「～とみなす、～と見る」という意味もある 形 regarded「評価された」

How about a teamwork-building excursion, for instance?	例えば、チームワーク構築のため遠足はどうでしょう。
For the time being, let's think of a temporary solution.	しばらくの間、臨時の解決策を考えましょう。
Are you getting along with your new boss?	あなたは新しい上司と上手くやっていますか。
This new budget request needs to go through management first.	この新しい予算請求は、先に経営陣から承認される必要があります。
The deadline to hand in the assignment has been changed.	課題の提出締め切りが、変更されました。
Our division has nothing to do with that part of the company.	我々の部署は、その会社の一部とは、まったく関わりがありません。
I have yet to do anything productive today.	今日は、まだ生産的なことを何もしていません。
She's highly regarded in her field.	彼女は、彼女の分野で高く評価されています。

DAY 19 イディオム

0896	**How about ~?**	～はどうですか。 〓 What about ～?
0897	**How come ~?**	なぜ～ですか。 How come のあとは平叙文の語順になる
0898	**in accordance with**	(規則など) に従って 名 accordance「一致、調和」
0899	**in case of**	～の際は 〓 in the event of 関 in case「念のため」
0900	**instead of**	～の代わりに 〓 in lieu of
0901	**intend to do**	～を意図する 〓 aim to do
0902	**in the long run**	長い目で見れば 関 over time「時が経つにつれて」
0903	**judging from**	～から判断して 動 judge「判断する」 名 judgment「判断」

How about a cup of coffee?	コーヒーは、いかがですか。
So, how come you missed your flight?	それで、なぜ飛行機に乗り遅れたのですか。
Your salary will be decided in accordance with your previous experience.	あなたの給料は、これまでの経験によって決まります。
In case of fire, walk briskly to the nearest exit.	火災時は、最寄りの出口まで急いで歩いてください。
He used a fork instead of chopsticks.	彼は箸の代わりにフォークを使いました。
The newsletter is intended to inform people about company events.	会報は、会社のイベント等について社員に告知することを目的としています。
In the long run, the prices are bound to rise.	長い目で見れば、物価は上昇します。
Judging from your face, I assume you're still jet lagged.	あなたの表情からすると、まだ時差ぼけが治っていないと思います。

DAY 19 イディオム

0904	**keep in mind**	留意する ＝ remember
0905	**look forward to**	～を楽しみにしている toのあとには動名詞～ing, または名詞が続く。ビジネス文書における締めの言葉に使用される
0906	**make it**	成功する、うまくいく 「交通機関の時間などに間に合う」という意味も重要
0907	**make sure**	必ず～する ＝ ensure
0908	**manage to**	～を何とかやり遂げる 苦労しても何とかやり遂げるの意味。一方、try to doは結果的にできなかったことに使われることが多い
0909	**neither A nor B**	AでもなくBでもない 関 both A and B「AもBもどちらも」 関 either A or B「AかBのどちらか」
0910	**no longer**	もはや～でない ＝ not ～ any longer
0911	**on a ~ basis**	～に基づいて 連 on a first-come, first-served basis「先着順」

Keep in mind, we still need the boss to sign off on the plan.	覚えていてください、我々は、まだ上司からその計画を認めてもらう必要があります。
Everyone looks forward to the day they'll have a corner office and a secretary.	誰もが、秘書付きの角部屋で働く日を楽しみにしています。
Despite her high salary, she doesn't feel like she has made it.	高い給与にも関わらず、彼女は達成感がありません。
Make sure you send Alice a get-well card.	必ずAliceにお見舞いのカードを送ってください。
We managed to complete the project on schedule.	我々は、何とか予定通りにプロジェクトを終わらせました。
By the way, neither Alex nor I drink.	ところで、Alexも私もお酒を飲みません。
I'm sorry sir, but this credit card is no longer valid.	すみません、こちらのクレジットカードは、有効期限切れのようです。
Tickets will be given on a first-come, first-served basis.	チケットは先着順となっております。

DAY 19 イディオム

0912	**on behalf of**	～を代表して 「～の代わりに」の意味もある
0913	**on display**	展示中 動 display「陳列する」 名 display「陳列」
0914	**on duty**	勤務中で ⇔ off duty「非番で」
0915	**on the whole**	全体として = as a whole
0916	**other than**	～以外は = except for
0917	**ought to**	～すべきである 類 should, must, have to
0918	**out of order**	故障中 関 out of service「非稼働中」 関 out of stock「在庫切れ」
0919	**owing to**	～のおかげで 類 because of, due to「～が原因で」

He spoke on behalf of his company.	彼は会社を代表してスピーチしました。
There are shoes on display in the window.	窓際に靴が陳列されています。
There are always two security guards on duty in the lobby of the building.	そのビルのロビーには、いつも2人の警備員が勤務しています。
On the whole, we're happy with your performance.	全体的に、我々はあなたの実績に満足しています。
Other than the special effects, I didn't really like the movie.	特殊効果以外は、その映画は、私の好みではありませんでした。
You ought to do exercise if you're concerned about your weight.	体重を気にするなら、運動するべきです。
Why are all the vending machines out of order?	なぜすべての自動販売機が故障中なのですか。
Owing to a lack of time, we needed to cut the meeting short.	時間不足のため、我々は会議を短縮する必要がありました。

DAY 19 イディオム

0920	**pass out**	配布する = hand out, distribute
0921	**plenty of**	たくさんの 類 many, a lot of, lots of
0922	**prior to**	～の前に = before
0923	**put on**	着用する ⇔ take off「脱ぐ」 put onは着用する動作、wearは着用している状態
0924	**rather than**	～よりむしろ 関 would rather A than B「BよりもAのほうが良い」
0925	**rely on**	～に依存する = depend on
0926	**result in**	～になる 名 result「結果」 関 result from「～から生じる」
0927	**right away**	すぐに = right now

Some staff are passing out flyers on the corner.	数名のスタッフがその角でチラシを配っています。
There are plenty of reasons to hire her.	彼女の採用には多くの理由があります。
Passengers must fasten their seat belts prior to descent.	乗客は、機体が降下する前にシートベルトを締めなければなりません。
Alisa is putting on a pair of new shoes.	Alisaは、新しい靴を履いている最中です。
Fairness, rather than efficiency, is our guiding principle.	効率よりも、公正さが我々の指針です。
They relied heavily on their boss's advice.	彼らは、上司からのアドバイスをとても頼りにしていました。
His business innovation resulted in increased productivity.	彼の事業改革は生産性の向上をもたらしました。
I knew right away that I got the job.	私は、自分が就職できたことをすぐに知りました。

イディオム

0928	**side by side**	隣り合わせで = next to each other
0929	**so far so good**	今のところ順調である
0930	**so that**	～するために so thatのあとには、未来を意識して助動詞will, can, mayなどを使う
0931	**step down**	辞任する = resign
0932	**stuck in traffic**	交通渋滞で進めない 関 traffic jam, traffic congestion「交通渋滞」
0933	**take advantage of**	～を有効活用する 名 advantage「有利」
0934	**take off**	離陸する ⇔ land「着陸（する）」 「事業などが軌道に乗る」という意味でも使われる
0935	**take place**	行う = occur

The women are walking side by side.	女性たちは横に並んで歩いています。
It's so far so good at my new job.	私の新しい仕事は今のところ順調です。
Drink something so that you won't feel dehydrated later.	後ほど喉が渇かないように、何かをお飲みください。
The CEO stepped down after the board meeting.	CEOは取締役会のあと、辞任しました。
I was stuck in traffic this morning.	今朝、交通渋滞に巻き込まれました。
Subscribers to the newspaper can take advantage of this special offer.	新聞の定期購読者は、この特別提供の機会をご利用いただくことができます。
The plane is going to take off shortly.	飛行機は間もなく離陸いたします。
The event will take place in the new downtown facility.	そのイベントは新しい市街の施設で行われます。

DAY 19 イディオム

No.	見出し	意味・解説
0936	**To Whom It May Concern**	関係各位 相手の名前や肩書がわからないときの決まり文句 = Dear Sir or Madam,
0937	**try on**	試着する 代名詞を目的語にするときは、try it on のように間に入れる
0938	**when it comes to**	～に関して言えば to は前置詞なので、あとには名詞、動名詞が続く
0939	**whether A or B**	A または B いずれか 関 whether A or not「A かどうか」
0940	**would rather A than B**	B よりも A をしたい A, B いずれも動詞の原形がくる

To Whom It May Concern	関係各位
May I try on these shoes?	この靴を試着してもいいですか。
When it comes to computers, Terry's the expert.	コンピュータ関連と言えば、Terryが詳しいです。
My problem is that the film can't decide whether to be a comedy or a horror.	私の悩みは、その映画をコメディー映画にするか、またはホラー映画にするか決められないことです。
I'd rather leave now and get there early than worry about the traffic later.	私は、あとで渋滞について心配するよりも、むしろ今出発して早くそこに着きたいです。

coffee break② パート7の問題選択

リーディングパートは75分で正解数を競うゲームです。受験生は、制限時間の中で最も効率的に問題を解き、正解にマークすることが求められます。従って時間をかけずに解答できる問題を先にやるべきです。以下4つの基準を参考にしながら優先順位をつけ問題に取り組みましょう。

●文章の種類

すべての設問がQuestions XX-XX refer to the following XXX.という形式になっています。
一般的には上のほうから易しく(時間がかからない)下のほうが難しい(時間がかかる)と言えます。

易 • Schedule, Form, Tableなどのグラフィック問題
• Text-message chain, Noticeなど速報性を有するもの
⬇ • Advertisement, E-mail
• Letter, Online chat discussion
難 • Article, Review, Instruction(電気製品の取扱説明書など)

●文章の長さ

文章が長ければ負担が大きく短ければ負担が少なくなります。よって文章の短い問題から優先的に取り組むべきです。

●設問の種類

文章全体のテーマに関する設問(例:What is the purpose of this letter?)は第1段落、今後の行動に関する設問(例:What will the man probably do next?)は最後の段落に答えとなる情報が書かれていることが多いです。また設問の中にキーワードがある場合は、そのキーワードが出てくる文章に答えとなる情報が書かれています。一方、suggest, inferなどの設問は、文章のどこに答えとなる情報があるか一見しただけではわからないので、時間がかかります。いずれにしても、リーディングでは文章をベストパラフレーズ(最も相応しい言い換え表現、例:本文では"for two decades"と書かれていて、選択肢では"for twenty years"を選ぶ)している選択肢が正答となるので、語彙力のアップは得点に直結します。

●得意なテーマ

文章の内容と自分との距離感が近いものは読み易いはずです。たとえば旅行関連の仕事をされている方は、airlineやhotelなどに関する話題は解きやすいでしょう。
以上述べてきましたが、必ずしも前から順番に解くのではなく、「楽に早く読める文章」を優先するよう心がけてください。

第3章

さらに
スコアアップを
目指す

ちょい難単語

音声トラック 124 ～ 131

DAY 20 ちょい難単語

● 動詞

No.	単語	意味
0941	**accommodate**  [əkámədèit]	動 対応する 名 accommodation「宿泊施設」
0942	**accomplish** [əkámpliʃ｜əkʌ́mpliʃ]	動 成し遂げる 名 accomplishment「成就」
0943	**acknowledge** [əknálidʒ]	動 認める 名 acknowledgement「承認、謝辞、通知」
0944	**activate** [ǽktivèit]	動 作動する 名 activation「作動」
0945	**assume** [əsú:m｜əsjú:m]	動 ～と推測する 名 assumption「想定」
0946	**attribute** [ətríbju:t]	動 起因する attribute A to B「AをBに帰する」 名 attribute「特性」
0947	**collide** [kəláid]	動 衝突する 名 collision「衝突」
0948	**compromise** [kámprəmàiz]	動 名声などを傷つける 名 compromise「妥協、不正アクセス」 「妥協する」「危険にさらす」の意味も重要

I'm terribly sorry that we cannot accommodate your initial request.	当初のご要望にお応えすることができず、大変申し訳ございません。
After university, she went on to accomplish great things.	大学卒業後、彼女は偉業を成し遂げ続けました。
The governor acknowledged the need for a regional airport.	知事は地方空港の必要性を認めました。
Steam from the hotel shower may activate the fire alarm.	ホテルのシャワーの蒸気で火災報知器が作動する可能性があります。
I assume he is a new hire as he is dressed very formally.	彼はきちんと正装しているので、新入社員だと思います。
You can attribute the success of our company to great teamwork.	我が社の成功は、すばらしいチームワークの賜物だと考えていただいて構いません。
The managers' interests collided when the discussion turned to salaries.	経営陣の利害は、給与に関する議論に移った際に衝突しました。
I'm afraid we refuse to compromise our ideals.	我々の理想を汚すようなことは受け入れかねます。

DAY 20 ちょい難単語

0949	**convert** [kənvə́:rt]	動 変換する 名 conversion「変換」
0950	**convince** [kənvíns]	動 確信させる、納得させる ＝ firmly believe 名 conviction「確信」
0951	**derive** [diráiv]	動 得る 「抽出する」という意味も大切 熟 derive A from B「BからAを得る」
0952	**detach** [ditǽtʃ]	動 切り離す ⇔ attach「添付する」
0953	**dilute** [dailú:t]	動 薄める 名 dilution「希薄化」
0954	**disrupt** [disrʌ́pt]	動 邪魔する 名 disruption「中断」 関 interrupt「中断する」
0955	**downsize** [dáunsaìz]	動 縮小する ⇔ enlarge「拡大する」
0956	**duplicate** [d(j)ú:plikət | djú:plikət]	動 複製する 名 duplication「複製」

He had to convert his money at the airport.	彼は、空港でお金を両替する必要がありました。
It may be hard to convince even the nicest critics.	良識ある批評家でさえも、納得させるのは厳しいかもしれません。
Most parents derive enjoyment from watching their children play sports.	ほとんどの親は、子どもがスポーツをしている姿を見るのを喜んでいます。
Detach the top half of the form and keep it.	用紙の上半分を切り取り、保管してください。
Dilute this with water before you drink it.	飲む前に水で薄めてください。
The construction in the building will disrupt our meeting.	ビルの工事で、我々の会議は邪魔されることになるでしょう。
Did you hear the rumors we're downsizing?	うちの会社が人員削減するという噂を聞きましたか。
Can you duplicate the key for me?	私に合鍵をつくってくれませんか。

DAY 20 ちょい難単語

No.	単語	意味
0957	**emerge** [imə́ːrdʒ]	動 台頭する 名 emergence「台頭」
0958	**endorse** [endɔ́ːrs]	動 裏書する 名 endorsement「裏書」
0959	**entitle** [entáitl │ intáitl]	動 権利を与える 「題名をつける」という意味もある 熟 entitle A to B「AがBすることを可能にする」
0960	**foresee** [fɔːrsíː]	動 予見する 形 foreseeable「予見できる」
0961	**implement** [ímpləmènt]	動 実施する mentは名詞の接尾辞だが、例外的に動詞である 名 implementation「実施、実行」
0962	**preserve** [prizə́ːrv]	動 維持する 名 preservation「維持」
0963	**pursue** [pərsúː │ -sjúː]	動 探究する 名 pursuit「探究」
0964	**reinforce** [rìːinfɔ́ːrs]	動 強調する 名 reinforcement「強化」

She's emerging as a bright, up-and-coming young star.	彼女は、聡明で有望な若手スターとして台頭しています。
You'll need someone to endorse these documents.	あなたの書類の真偽を証明してくださる方が必要になります。
This ticket doesn't entitle you to travel in first class.	このチケットでは、ファーストクラスに搭乗することはできません。
It's impossible to foresee that far in advance.	事前にそこまで予見することは、不可能です。
The government wants to implement a new tax rebate system.	政府は、新しい税金の還付金制度を実行したいと考えています。
Holly wanted to preserve her good reputation.	Hollyは、良い評判を保ちたいと思っています。
She would like to pursue a career in medicine.	彼女は医療業界でのキャリアを追求したいと考えています。
Jokes like these tend to reinforce racial stereotypes.	これらのタイプの冗談は、人種についての固定観念を助長します。

DAY 20 ちょい難単語

0965	**resist** [rizíst]	動 抵抗する 名 resistance「抵抗」
0966	**tow** [tóu]	動 牽引する ロープや鎖などでひっぱること

● 名 詞

0967	**appraisal** [əpréizəl]	名 業績評価 類 evaluation, assessment「評価」
0968	**coincidence** [kouínsidəns]	名 偶然 動 coincide「同時に起きる」 形 coincident「同時に」 熟 by coincidence「偶然にも」
0969	**discipline** [dísəplin]	名 規律 形 disciplinary「懲罰の」
0970	**get-together** [géttəgèðər]	名 集まり 動 get together「集まる」
0971	**grant** [grǽnt]	名 補助金 動「承認する」の意味もある
0972	**loophole** [lú:phòul]	名 抜け穴 法律、契約、規則などの抜け穴の意味でよく使用される

You must learn to resist those sales gimmicks.	あなたは、あれらの販売戦略に対抗できるようになるよう、学ばなければなりません。
They threatened to tow away my car.	彼らは、車を牽引すると私を脅しました。

We are holding staff appraisal interviews this afternoon.	我が社では今日の午後、人事考課面接を実施する予定です。
By coincidence, I met Adrian at the airport.	偶然、私は空港でAdrianに会いました。
The new interns need a little discipline.	その新しいインターン生には、少し教育が必要です。
I enjoy these afterwork get-togethers.	私は、このような仕事後の会を楽しんでいます。
She received a research grant from her university.	彼女は大学から調査助成金を受け取りました。
Clients may take advantage of loopholes in contracts.	顧客は、契約書の抜け穴につけ入るかもしれません。

DAY 20 ちょい難単語

	単語	意味
0973	**malfunction** [mælfʌ́ŋkʃən]	名 故障 動 malfunction「正常に機能しない」 malは「bad」の意味。functionが「機能」なので、「うまく機能しない」の意味になる
0974	**overhead** [óuvərhèd]	名 間接費 = indirect cost 「頭上の」という意味もある 連 overhead compartment「飛行機の頭上の荷物入れ」
0975	**proceed** [próusiːd]	名 収益金 動 proceed「進む」
0976	**raffle** [ræfl]	名 福引き = lottery 慈善事業などで抽選の当選者に品物を渡すとみくじ
0977	**retreat** [ritríːt]	名 遠足 本来、「撤退（する）」の意味だが、例文のように気分転換するための旅行で使用されることが多い
0978	**royalty** [rɔ́iəlti]	名 印税 本や音楽などの印税、特許権などの使用料
0979	**solvency** [sɑ́lvənsi]	名 支払い能力 「溶解力」という意味もある 形 solvent「支払い能力のある」
0980	**transaction** [trænzǽkʃən ｜ trænsǽkʃən]	名 取引 動 transact「取引する」

We don't know the cause of the malfunction.	我々は故障の原因を知りません。
If we cut down on our overhead, we'll improve our bottom line.	もし我が社が間接費を削減できたら、純利益は改善されるでしょう。
Proceeds from today's event will benefit the children's hospital.	今日のイベントの収益金は、小児科病院のために使われます。
I got first prize in the raffle.	福引きで一等賞を獲得しました。
In July, there'll be a company retreat for employees to participate in.	6月に、従業員が参加する社員旅行があります。
Because of a patent, he earns a lot of money in royalties.	特許のおかげで、彼には印税がたくさん入ります。
They have serious doubts about the company's solvency.	彼らは、会社の支払い能力に、深刻な疑念を持っています。
Because it was a large transaction, the manager needed to oversee things.	大きな取引だったので、マネージャーは事態を注視する必要がありました。

DAY 20 ちょい難単語

● 形容詞・副詞

No.	単語	意味
0981	**approximately** [əpráksimətli]	副 おおよそ 名 approximation「概算値」 関 give or take「およそ」
0982	**conscious** [kánʃəs]	形 意識的な 名 consciousness「意識」
0983	**consecutive** [kənsékjətiv]	形 連続の 「同時通訳者」はsimultaneous interpreter 連 consecutive interpreter「逐語通訳者」
0984	**distinctive** [distíŋktiv]	形 特徴的な 名 distinction「卓越」
0985	**eventually** [ivéntʃuəli]	副 ついに 形 eventual「最終的な」
0986	**fraudulent** [frɔ́:dʒələnt]	形 不正の 名 fraud「不正行為」
0987	**insightful** [ínsàitful]	形 洞察力のある 名 insight「洞察力」
0988	**intriguing** [intrí:giŋ]	形 興味深い 名 intrigue「関心」

Our office space is approximately 100 square meters.	我々のオフィスはおよそ100平方メートルです。
You should be more conscious of the tone of your voice.	あなたは口調にもっと気を配るべきです。
It rained for five consecutive days.	5日間連続で雨が降りました。
That company has a distinctive logo.	その会社のロゴは特徴的です。
The shipment eventually reached its destination.	最終的に、その出荷物は目的地に届きました。
The vice president admitted to the fraudulent transactions.	副社長は不正取引を認めました。
In my performance review, the manager gave me insightful advice.	私の人事評価において、マネージャーは洞察力に富んだ助言をくれました。
I find all that director's movies intriguing.	私は、あの監督の映画はすべて興味深いと思います。

DAY 20 ちょい難単語

0989	**markedly** [má:rkədli]	副 著しく 形 marked「著しい」 類 remarkably, significantly, strikingly
0990	**mature** [mətúər]	形 成熟した 関 matured market「成熟市場」
0991	**pivotal** [pívətəl]	形 重要な = critical
0992	**principal** [prínsəpl]	形 主要な 名 principal「校長、元金」 名 principle「原理」と混同しないこと
0993	**prolonged** [prəlɔ́(:)ŋed]	形 長時間にわたる 動 prolong「長引かせる」
0994	**prominent** [prámənənt]	形 卓越した 副 prominently「目立つように」
0995	**tremendous** [triméndəs]	形 とてつもない 「(物事が)すばらしい」という意味もある 副 tremendously「途方もなく」

● イディオム

0996	**call it a day**	作業などを終える

TV sales have slowed down quite markedly.	テレビの売り上げは、著しく失速しています。
Teresa is very mature for her age.	Teresaは年の割にはとてもしっかりしています。
She had a pivotal role in the company's success.	彼女は、会社の成功にとって重要な役割を担いました。
The principal reason for taking the job was curiosity.	私がその仕事に就いた主な理由は、好奇心でした。
Alisa enjoyed prolonged holidays.	Alisaは、長期休暇を楽しみました。
He is a prominent scientist in this field.	彼は、この分野で卓越した科学者です。
Thank you for your tremendous support.	多大なるご支援をありがとうございます。

Let's call it a day and pick things up tomorrow.	今日はここまでにして、明日やりましょう。

DAY 20 ちょい難単語

No.	単語	意味
0997	**FYI**	参考までに For Your Information の略
0998	**keep in loop**	情報を共有する 関 loop「輪」
0999	**RSVP**	お返事お待ちしています フランス語の Répondez ś'il vous plaît「ご返事願います」の略
1000	**strive for**	努力する = make an effort

FYI, the boss doesn't seem to be in a good mood.	ご参考までに、上司は機嫌が悪そうです。
Please keep me in loop.	私にも、常に情報を共有してください。
Please RSVP by the end of the week.	今週末までにお返事ください。
Always strive for what you want most in life.	人生で最も手に入れたいもののために、いつも努力しなさい。

INDEX

本書に収録する全見出し語1000のさくいんです。
単語を覚えたかどうかの確認に利用してください。

D

E

J

K

L

P

Q

R

○著者紹介
鶴岡公幸（つるおかともゆき）【著者】
神田外語大学外国語学部教授。キッコーマン（株）、（財）国際ビジネスコミュニケーション協会、KPMGあずさ監査法人、宮城大学食産業学部を経て、2014年より現職。インディアナ大学経営大学院卒業。同校より経営学修士（MBA）取得。著書多数。

Matthew Wilson（マシュー・ウイルソン）【著者】
宮城大学基盤教育群教授。カナダ、トロント出身。韓国、日本で長年英語教育に携わる。研究分野は日本における英語教育と学生の動機づけ。
米国のシェナンドア大学大学院卒業。同校より修士号取得（TESOL）。

佐藤千春（さとうちはる）【編集協力】
株式会社and ENGLISH代表<http://www.and-english.com>。岩手大学卒業後、中学校英語教諭として長年勤めながら、小学校英語教育にも携わる。その後TOEIC講師を経て現在に至る。

カバーデザイン　　　：斉藤啓（ブッダプロダクションズ）
本文デザイン/DTP　：株式会社創樹
本文イラスト　　　　：藤井アキヒト
ダウンロード音声制作：一般財団法人　英語教育協議会（ELEC）

本書へのご意見・ご感想は下記URLまでお寄せください。
https://www.jresearch.co.jp/contact/

イラストで覚えるTOEIC® L&R TEST英単語1000

令和2年（2020年）4月10日　初版第1刷発行
令和3年（2021年）4月10日　第2刷発行

著　者　鶴岡公幸/Matthew Wilson
発行人　福田富与
発行所　有限会社　Jリサーチ出版
　　　　〒166-0002　東京都杉並区高円寺北2-29-14-705
　　　　電話03（6808）8801（代）　FAX03（5364）5310
　　　　編集部03（6808）8806
　　　　https://www.jresearch.co.jp
印刷所　株式会社シナノパブリッシングプレス

ISBN978-4-86392-478-9　禁無断転載。なお、乱丁・落丁はお取り替えいたします。